一条もんこの
あしたも食べたい

キーマカレー
100

スパイス料理研究家
一条もんこ

キーマカレー

キーマ (keema) は、
ヒンディー語やウルドゥー語で「こまかく刻む」という意味。
インドやパキスタンでは、ひき肉だけでなく、
刻んだ魚介や野菜で作るキーマカレーもよく食べられています。
また、日本では肉と野菜をいためて
水分をとばしたドライタイプが主流ですが、
本場では汁けのあるキーマカレーも人気です。
つまり、==こまかくした食材を使ったカレーは、すべてキーマカレー。==

では、どのくらいこまかくすればキーマなのか。
私は1cmを「こまかい」と定義します。
==1cm以下は、全部キーマです！==
具材が小さいから、火の通りが早い！
煮込まなくても、食材のうまみがギュッと引き出される。
野菜もたんぱく質も一緒にとれて、栄養バランスもばっちり。
そして、具材とスパイスの組み合わせしだいで、
味わいのバリエーションも無限に広がる！

は自由だ!!!!

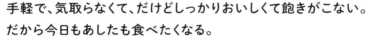

ゴロゴロ大きな具材をじっくりと煮込むカレーも最高ですが、
こまかく刻まれたキーマたちが
一気に口の中に押し寄せるのもまた格別です。

手軽で、気取らなくて、だけどしっかりおいしくて飽きがこない。
だから今日もあしたも食べたくなる。
さあ、キーマカレーの新しい世界へ、ご一緒に♡

　　　　　　　　　　　　　　　　　　　　一条もんこ

すぐできる!
ほとんどのレシピが15分以内、
腹ぺこでもイライラしない!

レパートリー無限!
和・洋・中・アジアン…
今日の気分でご自由に♡

押し寄せる幸せ
口いっぱいに広がるうまみに、
多幸感高まる!

KEEMA100 CONTENTS

キーマカレーは自由だ！！！！ 002

- キーマの基本・01　玉ねぎ 008
- キーマの基本・02　スパイス 010
- キーマの基本・03　キーマの基本・04　カレー粉＆カレールウ／道具 012
- キーマの基本・05　コク食材を常備 013
- キーマの基本・06　ごはん 014

CHAPTER 1　豚ひき肉のキーマ

- 001　ポークビンダルー風キーマ 016
- 002　台湾風にらキーマ 018
- 003　ジンジャーキーマ 020
- 004　山椒とたけのこのキーマ 022
- 005　里いものキーマ 023
- 006　豆苗のスープキーマ 024
- 007　切り干し大根のコクうまキーマ 026
- 008　しび辛四川風もやし入りキーマ 027
- 009　隠れ青唐辛子のピーマンキーマ 028
- 010　麻辣風キーマ春雨 029
- 011　キーマ的魯肉飯 030
- 012　汁なし担担キーマそば 031
- 013　小松菜のグリーンカレー風キーマ 032
- 014　しび辛ゴーヤーのドライキーマ 034
- 015　ポークキーマ昭和風 036
- 016　カレー麻婆豆腐 038
- 017　白菜のあんかけキーマ 040
- 018　カラフル野菜のポークキーマ 041
- 019　豚キムチキーマ 042
- 020　きゅうりのおかずキーマ 043
- 021　味しみこんにゃくのキーマ 044
- 022　ピリ辛肉みそキーマ 045
- 023　紅しょうがの和風キーマ 046
- 024　なすとトマトのキーマ 047

CHAPTER 2 合いびき肉のキーマ

025 トマトのスパイシーキーマ …… 050
026 洋風ドライキーマ …… 052
027 セロリのマスタードキーマ …… 054
028 スパイシーミート …… 056
029 ボロネーゼ風キーマペンネ …… 057
030 メキシカンキーマ …… 058
031 キーマなそばめし …… 059
032 ハーブ香るじゃがいもキーマ …… 060
033 ブラウンソースの
きのこキーマ …… 062

034 たっぷりしいたけの
中華風キーマ …… 063
035 ロコモコ丼風キーマ …… 064
036 エスニック風
キーマ焼きうどん …… 065
037 カリーボナーラ …… 066
038 濃厚チーズキーマ …… 068
039 かぼちゃのクリーミーキーマ …… 069
040 れんこんの和風キーマ …… 070

CHAPTER 3 鶏ひき肉のキーマ

041 バターチキン風
スパイシーキーマ …… 072
042 しらすと大根のキーマ …… 074
043 ほうれんそうのチキンキーマ …… 075
044 無水チキンキーマ …… 076
045 みそクリームのキーマパスタ …… 077
046 キャベツとレンズ豆の
チキンキーマ …… 078
047 オクラのとろりんキーマ …… 080
048 レモンクリームキーマ …… 082
049 マッサマンキーマカレー …… 084
050 干しえび香る枝豆キーマ …… 085

051 納豆のチキンキーマ …… 086
052 梅ごぼうのキーマ …… 087
053 高菜のスープ春雨キーマ …… 088
054 うずら卵の和風キーマ …… 090
055 塩昆布のチキンキーマ …… 091
056 プーパッポンカレーキーマ …… 092
057 ヤムウンセン風キーマ …… 093
058 ひじきのチキンキーマ …… 094
059 とろねばモロヘイヤのキーマ …… 095
060 長いものキーマ …… 096
061 厚揚げともやしのキーマ …… 097

CHAPTER 4 魚介のキーマ

062 いかとトマトの漁師風キーマ … 100
063 ぷりぷりたこのキーマ … 102
064 あさりのみそ風味キーマ … 104
065 うまみたっぷりかきキーマ … 106
066 山椒香るえびキーマ … 107
067 シーフードミックスの
ホワイトキーマ … 108
068 さばと大根のキーマ … 110
069 さばのキーマサラダ … 112

070 ちくわと大根の
ココナッツキーマ … 114
071 鮭マヨキーマフレーク … 115
072 ぜいたく気分の
かに風味キーマ … 116
073 ツナとじゃがいものキーマ … 117
074 はんぺんキーマ … 118
075 わかめのふりかけキーマ … 119
076 魚肉ソーセージとキャベツの
キーマカレー … 120

CHAPTER 5 野菜のキーマ

077 春菊とレンズ豆のキーマ … 124
078 さつまいものミルクキーマ … 126
079 夏野菜のキーマ … 127
080 ラッサム … 128
081 サンバル … 129
082 レンズ豆とじゃがいもの
ベジキーマ … 130

083 フレッシュトマトの
冷たいキーマ … 132
084 ふわふわ豆腐のキーマ … 134
085 えのきのつくだ煮風キーマ … 135
086 どっさりきのこの和風キーマ … 136
087 焼きなすと油揚げのキーマ … 137

CHAPTER 6 リメイクキーマ

088 つぶしハンバーグの
キーマカレー … 140
089 元ギョーザカレー … 142
090 シウマイキーマの
スープカレー … 143

091 ミートボールの
トマトカレーパスタ … 144
092 アボカドともちの
レトルトキーマ … 145
093 ハーブ香るほうれんそうの
チーズキーマ … 146

CHAPTER 7 ビリヤニ&炊き込みのキーマ

- **094** 簡単炊飯器ビリヤニ …… 148
- **095** チキンのキーマビリヤニ …… 150
- **096** ポークキーマビリヤニ …… 152
- **097** さばのキーマビリヤニ …… 153
- **098** 野菜のキーマビリヤニ …… 154
- **099** キーマのカレーピラフ …… 156
- **100** 中華おこわ風キーマライス …… 157

COLUMN

- 一条もんこの カレー小噺 1 「カレーのつけ合わせの話」 …… 048
- 一条もんこの カレー小噺 2 「スパイスの効能の話」 …… 098
- 一条もんこの カレー小噺 3 「作りおきキーマが便利すぎる話」 …… 122
- 一条もんこの カレー小噺 4 「食材アレンジ Let's Try の話」 …… 138
- 一条もんこの カレー小噺 5 「ビリヤニの名脇役とプラオの話」 …… 155

SPECIAL COLUMN

カレーに合う SWEETS&DRINK …… 158
カルダモンのショートブレッド／甘納豆のスパイスマフィン／練乳ラッシー／マサラチャイ／マサラティー

マークの見方

- 15 MIN：調理時間の目安です（浸水時間は除く）。
- スパイス：「スパイス」「カレー粉」「カレールウ」「レトルトカレー」を使うレシピを表示しています。
- HOT LEVEL：辛さの目安を3段階で示しています。

この本のレシピのルール

- 小さじ1は5ml、大さじ1は15mlです。
- 火かげんは特に記載がない場合、中火です。
- 砂糖は上白糖またはきび糖、しょうゆは濃い口しょうゆ、みそは好みのもので。
- 材料の「米」はジャポニカ種です。
- 電子レンジの加熱時間は600Wの場合の目安です。500Wの場合は1.2倍の時間で加熱します。

キーマの基本・01 # 玉ねぎ

カレーの味わいのベースとなる玉ねぎ。本書でも、ほとんどのレシピで玉ねぎを使用しています。キーマカレーにぴったりの切り方やいため方をマスターすれば、絶品キーマは約束されたも同然です。

あらいみじん切り＝7〜8mm角がベスト！

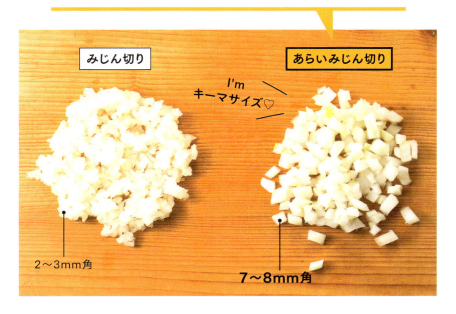

みじん切り　2〜3mm角

あらいみじん切り　7〜8mm角

I'm キーマサイズ♡

ひと口にみじん切りといっても、料理によって適した大きさはさまざま。キーマカレーに向いているのは、7〜8mm角くらいの「あらいみじん切り」です。このサイズならいためている間に余分な水けが出にくく、適度な食感が残るのがポイント！　均一なこまかさにこだわる必要はなく、ざくざく切ればOKです。

切る! → あらいみじん切り

1

玉ねぎを縦半分に切り、繊維のラインを目安に、7〜8mm間隔で切り込みを入れる。

2

包丁をねかせて、横に2〜3カ所切り込みを入れる。

3

切れ込みが広がらないように手で押さえながら、端から包丁で7〜8mm間隔に切る。

いためる! → 焦げを恐れない

玉ねぎに油をからめたら火にかけ、中火でいためる。ホールスパイスを使うレシピの場合は、このタイミングで一緒にいため、香りを引き出す。玉ねぎの端がチリチリと焦げ、全体に茶色く色づくまでいためればOK。

常備する → 切ったら冷凍!

玉ねぎは中くらいのサイズ1個で約200g。玉ねぎ1個をあらいみじん切りにし、半分を冷凍しておけば、次回のキーマカレー作りは刻む工程なしで始められます。フリーザーバッグに入れて平らにならし、冷凍室へ。買ってきた分をまとめて切って、100gずつ小分けにして冷凍しておくのもおすすめ!

キーマの基本・02 **スパイス**

スパイスとは、植物の種子や樹皮、根、葉、花などから作られる香辛料のこと。古くから、料理や薬に用いられ、特にカレーには欠かせない存在です。スパイスの特徴を知ると、カレーの世界がさらに開ける！

ホールスパイス

まるごと＆粒のスパイス。料理全体に深みのある香りをつけます！

3 黒こしょう
こしょうの果実を乾燥させたもの。黒、白、赤など、色によって香りが異なるが、黒こしょうは特に強い辛みと香ばしさが特徴。ホールのまま加熱するとより香りが深まる。

4 マスタードシード
からし菜の乾燥種子。加熱するとプチプチと弾け、香ばしさが増す。油でいためるとナッツのような風味が出る、インドカレーに欠かせないスパイス。

5 シナモン
シナモンの樹皮を乾燥させたスパイス。甘くスパイシーな香りが特徴で、肉を使ったカレーに加えると、上品なコクと風味が生まれる。甘い風味を生かし、お菓子や飲み物にも使われる。

1 クミン
エジプト原産のセリ科の植物の種子を乾燥させたもの。ほろ苦く個性的な香りで、どんな料理とも相性がいい万能スパイス。パウダーのクミンと組み合わせることで、香りと味に立体感が生まれる。

2 クローブ
丁子の花蕾を乾燥させたもの。甘くウッディな香りと、ほんのりしびれるような刺激的な風味が特徴で、煮込み料理やカレーに深みを与える。

6 赤唐辛子
ナス科トウガラシ属の果実を乾燥させたもの。辛み成分であるカプサイシンを豊富に含み、刺激的な辛さが特徴。油でいためると辛みと香ばしさが増し、カレーにピリッとした刺激をプラスする。

> 粉末状のスパイス。仕上げに加えて香りを立たせて

パウダースパイス

1 カルダモン
ショウガ科の植物の種子を粉末にしたもの。さわやかで華やかな香りが特徴で「スパイスの女王」とも呼ばれる。

2 ターメリック
ウコンの根茎を乾燥させて粉末にしたもの。鮮やかな黄色が特徴で、カレーの色づけに欠かせない。

3 ガラムマサラ
数種類のスパイスをブレンドした、ミックススパイス。仕上げに加えることで、カレーに深みと複雑な風味を与える。

4 チリペッパー
唐辛子を乾燥させ、粉末にしたスパイス。カイエンペッパーと呼ばれることも。量の調整がしやすいため、辛さの調節に活躍！

5 コリアンダー
パクチーの種子を粉末にしたスパイス。柑橘系を思わせるさわやかさと甘みがあり、カレーの香りのベースをつくる。辛みはなく、ほかのスパイスと調和しやすい。

6 クミン
クミンの種子を粉末にしたもの。温かみのある香ばしい香りが特徴で、カレーの味の土台をつくる。

7 黒こしょう
刺激的な辛みと香ばしさが特徴。パウダー状の黒こしょうは、カレーの味を引き締め、スパイスの風味をきわ立たせる役割を持つ。

8 あらびき黒こしょう
黒こしょうをあらくひいたもの。かんだときにピリッとした刺激がきわ立つ。スパイスカレーや仕上げのトッピングに活躍！

キーマの基本・03 カレー粉＆カレールウ

複数のスパイスが調合された「カレー粉」と、野菜や肉のうまみもブレンドされた「カレールウ」は、カレー作りの強力な味方！ もちろんキーマカレー作りにも大活躍します。

カレー粉

クミン、ターメリック、コリアンダー、チリペッパーなど、さまざまなスパイスをブレンドした粉末状のミックススパイス。油でいためて香りを出したり、仕上げに加えて風味を調節したりと、使い勝手は抜群！

カレールウ

小麦粉や油脂でスパイスをペースト状にして、さらに野菜や肉のうまみを加えたブロック状の調味料。とかすだけで、とろみとコクのある深い味わいのカレーに。加えるときは、いったん火を止めるのがポイント！

キーマの基本・04 道具

キーマカレー作りに特別な道具は必要なし！ 直径が広すぎないフライパンや鍋を用意しましょう。

直径20〜22cmの深型フライパン

2人分なら、直径20〜22cm程度がベスト。同じ容量でも、直径が広すぎると加熱中に水分がどんどん蒸発し、具材にしっかり火が通らなかったり、煮詰まりすぎたりする原因に。

> キーマの基本・05

コク食材を常備

キーマカレーをさらに奥深い味わいにするには、コクをプラスする食材が重要！思い立ったときにいつでもキーマを楽しめるように常備しておくことを熱烈推奨！

トマト缶

トマトのうまみ成分、グルタミン酸は、スパイスとの相性が抜群。カレーの酸味と甘みのバランスをととのえ、さっぱりしつつもコクのある味わいに。カットタイプやあらごしタイプなら、そのまま使えるので便利です。レシピはホールタイプで作ってもOK。ホールタイプの場合はへらでつぶしながら煮ればOKです。使いきれなかった分は、100gずつフリーザーバッグに入れて冷凍室へ。

> 低脂質でカルシウムやたんぱく質たっぷりのヘルシー食材♡

スキムミルク

スキムミルク（脱脂粉乳）は、牛乳からバターを作る際に生まれる副産物。脂肪分をとり除いたあとに粉末化したもので、牛乳の風味が凝縮されたまろやかなコクが特徴です。カレーに加えると、スパイスの辛みをやわらげ、奥行きのある味わいに。長期保存ができ、使いたいときにさっと加えられるのも魅力！

キーマの基本・06　ごはん

ごはんにかけるだけで栄養バランスばっちりの献立が完成するのも、キーマカレーのいいところ。白ごはんはもちろん、スパイスライスと合わせるのもおすすめ。

白ごはん

おなじみの白ごはんは、和風キーマにぴったり。炊きたてごはんにスパイシーなカレーをかければ、ほかにはもう何もいらない！

ターメリックライス

米360ml（2合）を洗って炊飯器の内釜に入れ、水360mlとターメリック（パウダー）、塩小さじ1/2を加えて軽くまぜ、普通に炊く。

クミンライス

米360ml（2合）を洗って炊飯器の内釜に入れ、水360mlを注ぐ。フライパンにサラダ油大さじ1とクミン（ホール）小さじ1を熱し、香りが立ったら内釜に加えてまぜ、普通に炊く。

香り高い長粒米・バスマティライスもおすすめ！

パラリとしたバスマティライスは、スパイスカレーにぴったり。鍋でゆでるから、意外と手軽＆時短です。バスマティライス200gはたっぷりの水に15分ほどつけ、ざるに上げて水けをきる。鍋に1ℓの湯を沸かし、塩小さじ1、サラダ油大さじ1/2を加え、バスマティライスを8分ゆでる。ざるに上げ、湯をきって鍋に戻し、蓋をして蒸らしたら完成！

CHAPTER 1
豚ひき肉の キーマ

KEEMA CURRY WITH GROUND PORK

しっかりしたうまみとコクが楽しめる豚ひき肉。
どんな食材ともよくなじむから、
キーマの世界がどんどん広がる!

甘ずっぱくうまみ濃厚！
煮込まず時短で本格味に

001 ポークビンダルー風キーマ

「ビンダルー」とは、ビネガーを使った酸味のあるカレーのこと。
カレー好きが注目するトレンドの味をひき肉で手軽に再現しました。

材料（2人分）

豚ひき肉	200g
玉ねぎ（あらいみじん切り）	100g

A
- トマト缶（カットタイプ） …… 100g
- 酢、みりん …… 各大さじ1
- 砂糖、しょうゆ、鶏ガラスープのもと …… 各小さじ1
- 塩 …… 小さじ1/2

○ **ホールスパイス**
- マスタードシード …… 小さじ1/2
- 黒こしょう …… 6粒

○ **パウダースパイス**
- クミン …… 小さじ1
- コリアンダー、ターメリック、チリペッパー …… 各小さじ1/2
- カルダモン …… 小さじ1/4

サラダ油 …… 大さじ1

作り方

1 フライパンにサラダ油、**ホールスパイス**、玉ねぎを入れ、玉ねぎがこんがりとするまでしっかりいため、火を止める。

2 ひき肉とA、**パウダースパイス**を加えて全体をよくまぜ、再び中火にかけて肉の色が変わるまでいためる。

3 水300mlを加え、煮立ってから5分煮る。

> ポークビンダルーは、インドのゴア地方の名物カレー。酸味のある漬物・アチャール（p.48）を添えて♡

CHAPTER 1　豚ひき肉 × スパイス

002 台湾風にらキーマ

発酵のうま辛調味料・豆板醤とスパイスたちのマリアージュ。
卵黄を落として召し上がれ！

材料（2人分）

豚ひき肉	200g
にら	1束（100g）
玉ねぎ（あらいみじん切り）	100g
A オイスターソース	大さじ1
豆板醤	大さじ1/2
砂糖、みそ	各小さじ1
鶏ガラスープのもと	小さじ1/2

○ **ホールスパイス**
　クミン ………………………… 小さじ1/2

○ **パウダースパイス**
　クミン ………………………… 小さじ1
　コリアンダー、ターメリック
　　　　　　　　　　　　各小さじ1/2
　チリペッパー ……………… 小さじ1/4

塩、こしょう ……………………… 各適量
ごま油 …………………………… 大さじ1/2
卵黄 ……………………………… 2個分

作り方

1. にらは4cm長さに切る。

2. フライパンにごま油、**ホールスパイス**、玉ねぎを入れ、玉ねぎがこんがりとするまでいためたら、ひき肉を加え、火が通るまでいためる。

3. Aと**パウダースパイス**、水100mlを加えてまぜ、水けがなくなるまで3分ほどいため煮にする。

4. 1を加えてさらに1分いため、塩、こしょうで味をととのえる。

5. 器に好みのごはんを盛ってキーマを広げ、中央に卵黄をのせる。

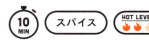

003 ジンジャーキーマ

豚肉のコクを、しょうがのピリッとさわやかな辛みが追いかけます。
幾重にも広がる味わいと香りのアンサンブルを楽しんで。

材料（2人分）

豚ひき肉	200g
玉ねぎ（あらいみじん切り）	100g
しょうが	20g
A ┌ プレーンヨーグルト	100g
┃ 塩、おろしにんにく、	
┗ 鶏ガラスープのもと	各小さじ1/2

○ ホールスパイス
　クミン ……… 小さじ1/2

○ パウダースパイス
　クミン ……… 小さじ1
　コリアンダー、ターメリック、
　　ガラムマサラ ……… 各小さじ1/2
　あらびき黒こしょう ……… 小さじ1/4

サラダ油 ……… 大さじ1/2

作り方

1 しょうがは細切りにする。

2 フライパンにサラダ油、**ホールスパイス**、玉ねぎ、**1**を入れ、玉ねぎがこんがりとするまでいためたら火を止める。

3 ひき肉、A、**パウダースパイス**を加えてよくまぜたら、再び火にかけて水100mlを加え、煮立ってから3分ほど煮て汁けをとばす。

CHAPTER 1　豚ひき肉 × スパイス

004 山椒とたけのこのキーマ

たけのこのシャクシャクした歯ざわりも楽しい、アジアンキーマカレー。

材料（2人分）

- 豚ひき肉 …………………………… 150g
- たけのこ（水煮）…………………… 150g
- 玉ねぎ（あらいみじん切り）……… 100g
- A
  - ココナッツミルク ……………… 100ml
  - オイスターソース ……………… 大さじ1
  - 砂糖、塩、鶏ガラスープのもと
    …………………………… 各小さじ1/2
- ○ ホールスパイス
  - クミン ………………………… 小さじ1/2
- ○ パウダースパイス
  - クミン …………………………… 小さじ1
  - コリアンダー、ターメリック、
    山椒 ……………………… 各小さじ1/2
- サラダ油 ………………………… 大さじ1/2

作り方

1. たけのこは1cm角に切る。
2. フライパンにサラダ油と**ホールスパイス**、玉ねぎを入れ、玉ねぎがこんがりとするまでいためたら、ひき肉を加えて肉の色が変わるまでいためる。
3. 1とA、**パウダースパイス**、水100mlを加え、煮立ってから5分煮る。

たけのことクリーミーなココナッツの絶妙コンビ

005 里いものキーマ

里いもは大きめに切って、食べごたえアップ。

材料（2人分）

豚ひき肉	150g
里いも	200g
玉ねぎ（あらいみじん切り）	100g

A
- トマト缶（カットタイプ） 100g
- みりん 大さじ1
- しょうゆ 小さじ1
- おろしにんにく、おろししょうが、顆粒和風だし 各小さじ1/2

○ ホールスパイス
- クミン 小さじ1/2
- 赤唐辛子 1本

○ パウダースパイス
- クミン、コリアンダー、ターメリック 各小さじ1/2
- カルダモン 小さじ1/4

ごま油 大さじ1/2

作り方

1 里いもは1cm厚さの輪切りにする。

2 フライパンにごま油、ホールスパイス、玉ねぎを入れていため、玉ねぎがこんがりとしたらひき肉を加えて肉の色が変わるまでいためる。

3 Aとパウダースパイスを加えてなじませるようによくまぜたら、水200mlを加えて蓋をし、ときどきまぜながら弱火で10分煮る。

地味だけどうまい。
素朴な実力派です

CHAPTER 1　豚ひき肉 × スパイス

ひき肉で作るから
速攻でうまみあふれる!

006 豆苗のスープキーマ

豆苗の青々しい香りとシャキシャキの食感が新鮮。スパイスと合わさることで、エキゾチックな味わいに。

材料（2人分）

豚ひき肉	200g
豆苗	100g
玉ねぎ（あらいみじん切り）	100g
トマト缶（カットタイプ）	100g
A［ おろしにんにく、おろししょうが	各小さじ1/2
顆粒コンソメ	小さじ2

○ ホールスパイス

クミン	小さじ1/2
クローブ	2本

○ パウダースパイス

クミン	小さじ1
コリアンダー、ターメリック	各小さじ1/2
チリペッパー	小さじ1/4
塩、こしょう	各少々
オリーブ油	大さじ1/2

作り方

1. 豆苗は食べやすい長さに切る。

2. フライパンにオリーブ油と**ホールスパイス**、玉ねぎを入れ、玉ねぎがこんがりとするまでいためる。

3. ひき肉、A、**パウダースパイス**、水400mlを加え、全体に火が通るまで煮る。**1**を加え、煮立ってから3分煮て、塩、こしょうで味をととのえる。

CHAPTER 1　豚ひき肉 × スパイス

> 豆苗とスパイスは相性のいい組み合わせ。仕上げに加えて、シャキッとした食感を残しましょう！

KEEMA 007 切り干し大根のコクうまキーマ

うまみや香りを吸い上げ、だしを放出！キーマカレーは切り干し大根の新天地です。

材料（2人分）

豚ひき肉	150g
切り干し大根	30g
玉ねぎ（あらいみじん切り）	100g
A　プレーンヨーグルト	100g
顆粒コンソメ	小さじ1
塩、おろしにんにく、おろししょうが	各小さじ1/2

○ ホールスパイス
　マスタードシード ……… 小さじ1/2

○ パウダースパイス
　クミン ……… 小さじ1
　ターメリック、ガラムマサラ 各小さじ1/2
　カルダモン、チリペッパー 各小さじ1/4

サラダ油 ……… 大さじ1

作り方

1 切り干し大根は水でもどし、しぼる。

2 フライパンにサラダ油、**ホールスパイス**、玉ねぎを入れ、玉ねぎがこんがりとするまでいためる。

3 **1**、ひき肉、**A**、**パウダースパイス**を加えて全体をよくまぜてなじませ、水300mlを加え、煮立ってから5分煮る。

切り干し大根の新たな魅力を発見！

008 しび辛四川風もやし入りキーマ

ひき肉にスパイスと調味料をねり込み、中までしっかり味を入れるのがポイント。

材料（2人分）

豚ひき肉	150g
もやし	200g
ねぎ（あらいみじん切り）	1本

A
- しょうゆ、オイスターソース …… 各大さじ1
- 豆板醤 …… 大さじ1/2
- 砂糖、鶏ガラスープのもと …… 各小さじ1

○ ホールスパイス
- 赤唐辛子 …… 1本

○ パウダースパイス
- クミン、山椒 …… 各小さじ1
- ターメリック …… 小さじ1/2
- チリペッパー …… 小さじ1/4

塩、こしょう …… 各適量
ごま油 …… 大さじ1

作り方

1 鍋にもやし以外のすべての材料を入れてまぜ、水400mlを加えて火にかけ、煮立ったら蓋をして3分煮る。

2 もやしを加え、さらに2分煮て、塩、こしょうで味をととのえる。

汗ばむ辛さが ごはんを呼ぶ！

CHAPTER 1 豚ひき肉 × スパイス

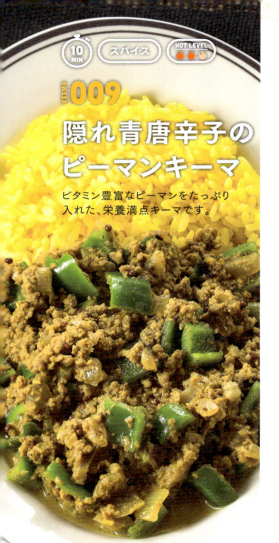

009 隠れ青唐辛子のピーマンキーマ

ビタミン豊富なピーマンをたっぷり入れた、栄養満点キーマです。

青唐辛子の鮮烈な辛さがアクセント

材料（2人分）

豚ひき肉	200g
ピーマン	4個
玉ねぎ（あらいみじん切り）	100g
青唐辛子	1本
A プレーンヨーグルト	100g
おろしにんにく、おろししょうが	各小さじ1/2
塩	小さじ1/2

● ホールスパイス
　マスタードシード　　小さじ1/2

● パウダースパイス
　クミン　　小さじ1
　コリアンダー、ターメリック　　各小さじ1/2
　カルダモン　　小さじ1/4
　黒こしょう　　小さじ1/5

サラダ油　　大さじ1

作り方

1. ピーマンは1cm角に、青唐辛子は小口切りにする。

2. フライパンにサラダ油、**ホールスパイス**、玉ねぎを入れ、玉ねぎがこんがりとするまでいためたら火を止める。

3. ひき肉、青唐辛子、A、**パウダースパイス**を加え、全体をよくまぜ合わせてから再び火にかける。

4. 肉に火が通ったらピーマンと水100mlを加え、煮立ってから3分煮る。

材料（2人分）

豚ひき肉	100g
ねぎ（あらいみじん切り）	1本
きくらげ（乾燥）	5g
春雨	60g

A
- オイスターソース　大さじ1
- おろしにんにく、おろししょうが　各小さじ1/2
- 鶏ガラスープのもと　小さじ1
- 塩　小さじ1/4
- 砂糖　小さじ1/2

○ **ホールスパイス**
- クミン　小さじ1/2
- クローブ　2本

○ **パウダースパイス**
- クミン　小さじ1
- ターメリック、チリペッパー　各小さじ1/2

ごま油　大さじ1
塩、こしょう　各適量

作り方

1. きくらげはたっぷりの水でもどし、食べやすく切る。
2. フライパンにごま油と**ホールスパイス**、ねぎを入れ、こんがりとするまでいためたら、ひき肉を加えてさらにいためる。
3. ひき肉に火が通ったら、1と春雨、A、**パウダースパイス**、水200mlを加え、煮立ってから5分ほど、水けがなくなるまで煮て、塩、こしょうで味をととのえる。

10 MIN　スパイス　HOT LEVEL

KEEMA 010

麻辣風キーマ春雨

紹興酒、ハイボール、ビール。
何にでも合います。

CHAPTER 1　豚ひき肉 × スパイス

スパイススープを吸った春雨がクセになる…！

029

011 キーマ的魯肉飯(ルーローハン)

シナモンを香らせるスパイスの配合で、本場台湾の本格的な風味を再現しました。

材料（2人分）

豚ひき肉	200g
玉ねぎ（あらいみじん切り）	100g
A　オイスターソース、しょうゆ	各大さじ1
砂糖、カレー粉、おろしにんにく	各小さじ1
鶏ガラスープのもと	小さじ1/2

○ ホールスパイス

シナモン	1本
クローブ	3本
赤唐辛子	1本

○ パウダースパイス

山椒	小さじ1
クミン	小さじ1/2
ナツメグ	小さじ1/4
シナモン（5cm長さ）	ひとつまみ
サラダ油	大さじ1
味つき卵（市販）	1個

作り方

1. フライパンにサラダ油と**ホールスパイス**、玉ねぎを入れ、玉ねぎがこんがりとするまでいためる。

2. ひき肉とA、**パウダースパイス**、水100mlを加え、蓋をしてときどきまぜながら5分煮る。

3. 器に好みのごはんを盛り、2、半分に切った味玉をのせる。

甘辛味が人気の台湾飯を超速で♡

ごまの香り×スパイスの刺激にロックオン♡

10 MIN / スパイス / HOT LEVEL

012 汁なし担担キーマそば

うまみと香りの強いまいたけを刻んで、味に深みをプラス！

材料（2人分）

豚ひき肉	150g
ねぎ	1本
まいたけ（しいたけ、しめじなどでも）	100g

A
- みそ、すりごま ……… 各大さじ1
- 豆板醤 ……… 大さじ1/2
- 鶏ガラスープのもと ……… 小さじ1
- 砂糖 ……… 小さじ1

○ ホールスパイス
- クミン ……… 小さじ1/2
- 赤唐辛子 ……… 1本

○ パウダースパイス
- クミン ……… 小さじ1
- コリアンダー ……… 小さじ1/2
- あらびき黒こしょう ……… 小さじ1/4

中華蒸しめん	2玉
塩、こしょう	各適量
ごま油	大さじ1/2

作り方

1. ねぎ、まいたけはあらいみじん切りにする。

2. フライパンにごま油、**ホールスパイス**、ねぎ、ひき肉を入れ、こんがりとするまでいためる。

3. まいたけとA、**パウダースパイス**、水200mlを加え、煮立ってから5分ほど、汁けがとぶまで煮詰める。

4. ほぐしためんを加えてまぜ合わせ、塩、こしょうで味をととのえる。

CHAPTER 1 豚ひき肉 × スパイス

青菜をたっぷり入れて
グリーン感を上げる！

013 小松菜のグリーンカレー風キーマ

市販のグリーンカレーペーストに、スパイスをプラス！
華やかで複雑なうまみと辛みを楽しめます。

材料（2人分）

豚ひき肉	150g
小松菜	100g
玉ねぎ（あらいみじん切り）	100g

A
- グリーンカレーペースト（市販） … 20g
- ナンプラー … 大さじ1/2
- 好みの乾燥ハーブ（バジル、オレガノ、パセリなど） … 小さじ1/2
- 砂糖 … 小さじ1

B
- ココナッツミルク … 200ml
- 鶏ガラスープのもと … 小さじ1/2

○ **ホールスパイス**
- クミン … 小さじ1/2

○ **パウダースパイス**
- コリアンダー … 小さじ1
- クミン … 小さじ1/2
- カルダモン … 小さじ1/4

サラダ油 … 大さじ1

作り方

1 小松菜は1cm長さに切る。

2 フライパンにサラダ油と**ホールスパイス**、玉ねぎを入れて、玉ねぎがこんがりとするまでいためる。

3 ひき肉、A、**パウダースパイス**を加えてよくまぜ、1とBを加え、煮立ったら蓋をして5分煮る。

> 本場では、青唐辛子やこぶみかんの葉、レモングラスなどを使って作ります。ペーストで手軽に本格味に♡

CHAPTER 1　豚ひき肉 × スパイス

KEEMA 014 しび辛ゴーヤーのドライキーマ

刺激がほしい日には、ホットでスパイシーなクセありキーマをチョイス。
食べれば謎のやる気が湧いてくる……かも？

材料（2人分）

豚ひき肉	100g
ゴーヤー	200g
玉ねぎ（あらいみじん切り）	100g

A
- ナンプラー 大さじ1/2
- 砂糖 小さじ1
- おろしにんにく 小さじ1/2
- 鶏ガラスープのもと 小さじ1/2

○ ホールスパイス
- マスタードシード 小さじ1/2
- 赤唐辛子 1本

○ パウダースパイス
- 山椒 小さじ1
- クミン、ターメリック、コリアンダー 各小さじ1/2
- チリペッパー 小さじ1/4

塩、こしょう 各適量
サラダ油 大さじ1/2

作り方

1. ゴーヤーは種とわたをとって薄切りにする。

2. フライパンにサラダ油とホールスパイス、玉ねぎを入れ、玉ねぎがこんがりとするまでいためる。

3. ひき肉とA、パウダースパイス、水大さじ2を加え、水分がなくなるまでいためる。

4. 1を加えてさらに2分いため、塩、こしょうで味をととのえる。

015 ポークキーマ昭和風

昭和世代ならずとも、どこか懐かしさを感じる黄色いカレー。
ひき肉で作れば、やさしい口どけが心にしみる……！

材料（2人分）

豚ひき肉	150g
玉ねぎ（あらいみじん切り）	100g
にんじん	50g
A ┌ 小麦粉	大さじ3
├ カレー粉	大さじ1と1/2
├ 塩	小さじ1/2
└ 鶏ガラスープのもと	小さじ1
おろしにんにく、おろししょうが	各小さじ1/2
サラダ油	大さじ1

作り方

1 にんじんは薄い半月切りにする。

2 鍋にサラダ油とAを入れてねり、ひき肉、玉ねぎ、にんにく、しょうがを加え、よくまぜる（まだ火にかけない！）。

3 1、水300mlを加え、よくまぜたら火にかけ、煮立ってから5分煮る。

> 小麦粉などと油をねったものをひき肉と玉ねぎにからめて加熱すると、ダマになりません

016 カレー麻婆豆腐

肉のうまみ、複雑な辛みと香り、豆腐のやさしさが融合！
隠し味の砂糖がうまみと辛みを引き立たせます。

材料（2人分）

豚ひき肉	100g
豆腐	300g
ねぎ（あらいみじん切り）	1本分
A カレー粉	大さじ2/3
しょうゆ	大さじ1
豆板醤	大さじ1/2
砂糖、おろしにんにく	各小さじ1
鶏ガラスープのもと	小さじ1/2
B かたくり粉	大さじ1
水	大さじ2
塩、こしょう	各適量
ごま油	大さじ1

作り方

1 豆腐は一口大に切る。

2 フライパンにごま油とひき肉、ねぎを入れ、こんがりといためる。

3 Aと水200mlを加え、煮立ってから3分煮る。

4 1を加えて再び煮立ったら、まぜ合わせたBでとろみをつけ、塩、こしょうで味をととのえる。

> カレー粉にブレンドされているスパイスで、手軽に風味アップ♡　豆腐は大きめに切って存在感を出して

017 白菜のあんかけキーマ

白菜のやさしい甘みとスパイシーなとろみあんのバランスが絶妙です。

材料（2人分）

- 豚ひき肉 ……………………………… 100g
- 白菜 …………………………………… 200g
- 玉ねぎ（あらいみじん切り）………… 100g
- A
  - カレー粉 …………………………… 大さじ1
  - おろしにんにく、おろししょうが
    …………………………………… 各小さじ1/2
  - 中華スープのもと ………………… 小さじ1
- B
  - かたくり粉 ………………………… 大さじ1
  - 水 …………………………………… 大さじ2
- 塩、こしょう ………………………… 各適量
- ごま油 ………………………………… 大さじ1

作り方

1. 白菜は2〜3cm幅に切る。
2. フライパンにごま油とひき肉、玉ねぎを入れ、焼きつけるようにしていためる。
3. 1とA、水300mlを加え、煮立ってから3分煮て、まぜ合わせたBでとろみをつけ、塩、こしょうで味をととのえる。

ざく切り白菜のジューシー食感も楽しい！

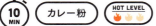

018 カラフル野菜のポークキーマ

あらかじめキーマサイズにカットされているなんて、ミックスベジタブルはえらい!

材料(2人分)

豚ひき肉	150g
ミックスベジタブル(冷凍)	100g
玉ねぎ(あらいみじん切り)	100g
A 牛乳	200ml
トマトケチャップ	大さじ2
カレー粉	大さじ1
顆粒コンソメ	小さじ2
おろしにんにく	小さじ1
塩	小さじ1/4
塩、こしょう	各適量
サラダ油	大さじ1/2

作り方

1. フライパンにサラダ油とひき肉、玉ねぎを入れ、こんがりと焼きつけるようにしていためる。
2. ミックスベジタブルとA、水100mlを加えてまぜ、煮立ってから3分煮たら、塩、こしょうで味をととのえる。

野菜のうまみがとけ出したまろやかな味わい

CHAPTER 1 豚ひき肉 × カレー粉

019 豚キムチキーマ

空腹注意報をすばやく解除！白ごはんがみるみる消えます。

材料（2人分）

豚ひき肉	200g
白菜キムチ	150g
A カレー粉	大さじ1
A ナンプラー	大さじ1/2
A 砂糖	小さじ1
A 鶏ガラスープのもと	小さじ1/2
塩、こしょう	各適量
ごま油	小さじ1

作り方

1. フライパンにごま油とひき肉を入れて火にかけ、こんがりと焼きつけるようにしていためる。
2. 肉に火が通ったらキムチとAを加えて汁けをとばすようにいため、塩、こしょうで味をととのえる。

包丁いらずで必ずうまいスピードメニュー！

火を通したきゅうりはほどよくしんなり、新食感♡

020 きゅうりのおかずキーマ

冷蔵庫で2～3日保存可能。作りおき副菜としてもおすすめです。

材料（2人分）

豚ひき肉	200g
きゅうり	100g（1本）
玉ねぎ（あらいみじん切り）	100g
にんにく	1かけ
A カレー粉、ナンプラー	各大さじ1
砂糖	小さじ1
塩、こしょう	各適量
サラダ油	大さじ1/2

作り方

1. きゅうりは1cm角に切り、にんにくはあらいみじん切りにする。
2. フライパンにサラダ油と玉ねぎを入れ、こんがりといためる。
3. ひき肉とにんにく、A、水100mlを加え、水けがとぶまで4～5分煮たら、きゅうりを加えてさっといため、塩、こしょうで味をととのえる。

CHAPTER 1　豚ひき肉 × カレー粉

ぷりぷりのこんにゃくで
ボリュームアップ！

10 MIN | カレー粉 | HOT LEVEL

021 味しみこんにゃくのキーマ

食物繊維たっぷり＆低カロリーのこんにゃくで食べごたえも十分！
ダイエット中にも頼れるメニューです。

材料（2人分）

豚ひき肉	100g
こんにゃく	200g
A　カレー粉、しょうゆ、オイスターソース	各大さじ1
砂糖	大さじ1/2
鶏ガラスープのもと	小さじ1/2
チリペッパー（パウダー）	小さじ1/5
ごま油	小さじ1

作り方

1 こんにゃくはスプーンで小さめに切る。

2 小鍋にごま油とひき肉を入れていため、肉に完全に火を通す。

3 1、Aと水100mlを加え、水分がなくなるまで5分ほど煮る。

022 ピリ辛肉みそキーマ

ごはん、めん類、パン……なんにでも合う万能肉みそ。カレー風味が食欲をそそります。

材料（2人分）

- 豚ひき肉 …… 200g
- A
  - 砂糖、みそ、オイスターソース …… 各大さじ1
  - カレー粉 …… 大さじ1/2
  - おろしにんにく、おろししょうが …… 各小さじ1
  - チリペッパー（パウダー） …… 小さじ1/4
- ごま油 …… 大さじ1/2

作り方

1. フライパンにごま油とひき肉を入れ、肉にしっかり火が通るまでいためる。
2. Aと水100mlを加え、水けがとぶまで3分ほどいため煮にする。

甘辛でスパイシー、やみつき必至の罪な味

CHAPTER 1　豚ひき肉 × カレー粉

023 紅しょうがの和風キーマ

紅しょうがの甘ずっぱさとピリッとした辛みがアクセントに。
コクがありながら、さっぱりしたあと味です。

材料（2人分）

豚ひき肉	200g
玉ねぎ（あらいみじん切り）	100g
A ┌ 紅しょうが	30g
┃ おろしにんにく	小さじ1
└ 砂糖、顆粒和風だし	各小さじ1/2
カレールウ	30g
サラダ油	小さじ1

作り方

1. フライパンにサラダ油を熱し、玉ねぎを入れてこんがりとするまでいためる。
2. ひき肉を加え、ポロポロになるまでしっかりといためる。
3. Aと水300mlを加え、煮立ってから3分煮たら、いったん火を止め、ルウを加えてとかす。再び加熱し、とろみがついたら火を止める。

カレーと漬け物は相思相愛なのです

肉のうまみを吸ったなす、最強！

10 MIN ・ カレールウ ・ HOT LEVEL

024 なすとトマトのキーマ

ほどよく食感が残る角切りなすから、うまみがジュワッとあふれ出す！
トマトの甘ずっぱさを生かしてさわやかに仕上げます。

材料（2人分）

豚ひき肉	150g
なす	100g（1個）
玉ねぎ（あらいみじん切り）	100g
A トマト缶（カットタイプ）	100g
おろしにんにく、おろししょうが	各小さじ1/2
顆粒和風だし	小さじ1/2
カレールウ	30g
塩、こしょう	各適量
サラダ油	大さじ1/2

作り方

1. なすは1cm角に切る。

2. フライパンにサラダ油とひき肉、玉ねぎを入れ、こんがりとするまでいためる。

3. 1とA、水300mlを加え、煮立ったら蓋をして3分煮て、火を止める。

4. カレールウを加えてとかし、再び火にかけて2分煮て、塩、こしょうで味をととのえる。

CHAPTER 1　豚ひき肉 × カレールウ

一条もんこのカレー小噺 1

カレーのつけ合わせの話

カレーのつけ合わせといえば、真っ先に思いつくのが福神漬け。とろみのあるルウカレーとごはんをほおばりながら、ときおり甘ずっぱい福神漬けをはさむ。福神漬けは、茶色いカレーに彩りを添え、味わいに変化をもたらしてくれる名脇役です。実は、インドや中東でも、カレーには酸味のある漬け物を添えるのが定番。「アチャール」と呼ばれるピクルスのような漬け物があり、さまざまな野菜や果物を使ったものが親しまれています。

"酸味"のある漬け物でカレーがさらに完成形に！

長いものアチャール

材料（作りやすい分量）

長いも ………………………………… 200g
梅干し（刻む）………………………… 大さじ1/2
塩、おろしにんにく、おろししょうが
………………………………………… 各小さじ1/2
○ **ホールスパイス**
　マスタードシード ………………… 小さじ1/2
○ **パウダースパイス**
　ターメリック、チリペッパー
………………………………………… 各小さじ1/2
サラダ油 ……………………………… 大さじ2

作り方

1 長いもは1cm角に切る。

2 フライパンに長いも以外の材料を入れて火にかけ、ふつふつとしてきたらまぜながら1分加熱し、**1**を加えてさらに1分いためる。

3 保存容器に入れ、あら熱をとって冷蔵室に1時間以上おく。

冷蔵室で3〜4日、
冷凍室で3週間ほど保存可能。

CHAPTER 2
合いびき肉の キーマ

KEEMA CURRY WITH MIXED GROUND MEAT

ガツンとパンチのあるキーマを食べたい気分なら、
合いびき肉で決まり!
食べごたえ満点、個性豊かな16品です。

甘やかでスパイシー！
シンプルなのに奥深い味わい

025 トマトのスパイシーキーマ

トマト缶を使って、短時間でもじっくり煮込んだようなうまみたっぷりの一皿に。

材料（2人分）

合いびき肉	150g
玉ねぎ（あらいみじん切り）	100g
A トマト缶（カットタイプ）	200g
ウスターソース	大さじ1
おろしにんにく	小さじ1
顆粒コンソメ	小さじ1
塩	小さじ1/4

○ **ホールスパイス**
クミン	小さじ1/2
クローブ	2本

○ **パウダースパイス**
クミン	小さじ1
コリアンダー、ターメリック	各小さじ1/2
サラダ油	大さじ1/2

作り方

1. フライパンにサラダ油、**ホールスパイス**、玉ねぎを入れ、玉ねぎがこんがりとするまでいためる。

2. ひき肉、A、**パウダースパイス**を加え、全体がなじむまでまぜ合わせる。

3. 水200mlを加え、煮立ってから5分煮る。

> よりさっぱり食べたいときは、フレッシュトマトの角切りを加えても♡

026 洋風ドライキーマ

カラメルを加えるひと手間で、美しいあめ色に。
うまみとコク、華やかな香りがきわ立ちます。

材料（2人分）

合いびき肉	300g
玉ねぎ（みじん切り）	100g
にんじん	30g
A ┌ トマトペースト、ウスターソース	各大さじ1
│ 顆粒コンソメ	小さじ1
│ 砂糖、しょうゆ、おろしにんにく	各小さじ1
└ 塩	小さじ1/4

○ パウダースパイス

コリアンダー	小さじ1
クミン、ターメリック	各小さじ1/2
チリペッパー	小さじ1/4
シナモン	小さじ1/5
B ┌ 砂糖	大さじ1/2
└ 水	小さじ1
サラダ油	大さじ1

作り方

1 にんじんはあらいみじん切りにする。

2 鍋にサラダ油と玉ねぎ、**1**を入れ、玉ねぎがこんがりとするまでいためる。

3 いったん火を止め、ひき肉とA、**パウダースパイス**を加え、ひき肉をほぐしながらしっかりまぜる。水200mlを加えて煮立て、水けがとんでこんがりとするまで5分ほどいため煮にし、火を止める。

4 小さめのフライパンにBを入れて火にかけ、焦げ茶色になるまで加熱したら、**3**に加えてまぜ合わせる。

まるで洋食屋さんの秘伝の味♡

CHAPTER 2

合いびき肉 × スパイス

濃厚な合いびき肉を香味野菜で軽やかに

027 セロリのマスタードキーマ

粒マスタードのほのかな酸味とセロリのさわやかな香りがクセになる一品。ちょっとおしゃれな大人のキーマです。

材料（2人分）

- 合いびき肉 …………………………… 200g
- セロリ ……………………………………… 1本
- 玉ねぎ（あらいみじん切り） ………… 100g
- A
  - トマト缶（カットタイプ） ………… 100g
  - 粒マスタード ………………………… 大さじ1
  - おろしにんにく、おろししょうが
    …………………………………… 各小さじ1/2
  - 塩 …………………………………… 小さじ1/2
- ○ パウダースパイス
  - クミン ………………………………… 小さじ1
  - ガラムマサラ、ターメリック
    …………………………………… 各小さじ1/2
  - チリペッパー ………………………… 小さじ1/4
- サラダ油 ………………………………… 大さじ1/2

作り方

1. セロリは筋をとって1cm厚さの斜め切りにする。
2. フライパンにサラダ油と玉ねぎを入れ、玉ねぎがこんがりとするまでいためたら、ひき肉を加え、焼き色がつくまでいためる。
3. 1とA、**パウダースパイス**、水100mlを加え、煮立ってから3分ほど煮る。

CHAPTER 2 合いびき肉 × スパイス

材料を全部一緒にいためるだけ！

⏱10MIN　スパイス　HOT LEVEL 🌶🌶

028 スパイシーミート

シンプル調理でこっくり濃厚♡　トーストやパスタ、ごはんにのっけて召し上がれ。

材料（2人分）

合いびき肉	200g
ウスターソース、しょうゆ、みりん	各大さじ1
おろしにんにく	小さじ1
○ パウダースパイス	
クミン、コリアンダー	各小さじ1
山椒	小さじ1/2
ターメリック、チリペッパー	各小さじ1/4
サラダ油	大さじ1/2

作り方

1. 鍋にすべての材料と水50mlを入れて火にかけ、よくまぜながらいためる。

2. 煮立ってから5分ほどいため煮にして水けがなくなったら、ひき肉に焼き色がつくまでいためる。

029 ボロネーゼ風キーマペンネ

玉ねぎも香味野菜も使わない潔さ!
スパイスで肉のくさみを消し、うまみを存分に引き出します。

材料(2人分)

合いびき肉	200g
赤ワイン	大さじ1
A ┌ トマトケチャップ	大さじ3
│ おろしにんにく、しょうゆ	各小さじ1
└ 塩	小さじ1/4

○ **パウダースパイス**

クミン、コリアンダー	各小さじ1
あらびき黒こしょう	小さじ1/4
ペンネ	120g
オリーブ油	大さじ1/2

作り方

1. ペンネは袋の表示どおりにゆで、ざるに上げて湯をきる。

2. フライパンにオリーブ油とひき肉を入れ、こんがりと色づいたら赤ワインを加え、水けがとぶまでしっかりといためる。

3. Aと**パウダースパイス**、水50mlを加え、水けがなくなるまで5分ほど煮たら、**1**を加えてあえる。

スパイスの風味が ピリッとしたアクセントに

030 メキシカンキーマ

メキシコの名物料理・チリコンカンをキーマ風にアレンジ。
野菜と一緒にタコスで巻いて食べてもおいしい!

材料(2人分)

- 合いびき肉 ……………………… 100g
- 玉ねぎ(あらいみじん切り) …………………………… 100g
- A
  - ひよこ豆(水煮)、金時豆(水煮) ………… 合わせて150g
  - トマト缶(カットタイプ) ……… 100g
  - 酢 ……………………………… 大さじ1
  - しょうゆ、おろしにんにく … 各小さじ1
  - 砂糖、塩 …………………… 各小さじ1/2

○ パウダースパイス

- クミン ……………………… 小さじ1
- ターメリック ……………… 小さじ1/2
- チリペッパー ……………… 小さじ1/4
- 塩、こしょう ……………………… 各適量
- サラダ油 …………………………… 大さじ1

作り方

1. フライパンにサラダ油を熱し、ひき肉と玉ねぎを、肉の色が変わるまでいためる。

2. Aと**パウダースパイス**、水100mlを加え、水けがなくなるまで煮たら、塩、こしょうで味をととのえる。

**かむほどにうまみがギュッ!
食べごたえも抜群です**

KEEMA 031 キーマなそばめし

オイスターソースとスパイスで仕上げる、硬派なそばめし。本格派B級グルメです。

材料（2人分）

- 合いびき肉 …………………… 100g
- 玉ねぎ（あらいみじん切り） …… 100g
- キャベツ ……………………… 100g
- A
  - オイスターソース ………… 大さじ1
  - しょうゆ、おろしにんにく、鶏ガラスープのもと …… 各小さじ1
- ● ホールスパイス
  - クミン ………………………… 小さじ1/2
- ● パウダースパイス
  - クミン ………………………… 小さじ1
  - ターメリック ………………… 小さじ1/2
  - シナモン、チリペッパー …… 各ひとつまみ
- あたたかいごはん ……………… 200g
- 中華蒸しめん …………………… 1玉
- 塩、こしょう …………………… 各適量
- サラダ油 ………………………… 大さじ1/2

作り方

1. キャベツは2cm角、中華めんは1～2cm長さに切る。
2. フライパンにサラダ油とホールスパイス、玉ねぎ、ひき肉を入れ、こんがりとするまでいためる。
3. Aとパウダースパイスを加えてまぜ、1とごはんを加え、まぜ合わせる。
4. 水大さじ2を加え、全体をまぜながらいため、塩、こしょうで味をととのえる。

濃いめの味で満足感たっぷり！

CHAPTER 2 合いびき肉 × スパイス

032 ハーブ香るじゃがいもキーマ

ほくほくのじゃがいもはスパイスと好相性！
短時間で仕上げるから煮崩れる心配もありません。

材料（2人分）

合いびき肉	150g
玉ねぎ（あらいみじん切り）	100g
じゃがいも	150g（1個）
プレーンヨーグルト	100g
A カレー粉	大さじ1
顆粒コンソメ	小さじ2
おろしにんにく	小さじ1
塩	小さじ1/2
好みの乾燥ハーブ（バジル、オレガノなど）	大さじ1/2
サラダ油	大さじ1

作り方

1 じゃがいもは1cm角に切る。

2 フライパンにサラダ油を熱し、ひき肉と玉ねぎを入れ、こんがりと焼き色がつくようにいためる。

3 火を止めてよくまぜたヨーグルトを加えてまぜ、じゃがいもとAを加えて火にかけ、煮立ってから5分煮る。

> おうちに余ってる乾燥ハーブ、なんでもOK。使いきれないハーブがあるなら、カレーで消費がおすすめ！

**ドライハーブが大活躍!
鼻をくすぐる香りも極上**

CHAPTER 2 合いびき肉 × カレー粉

033 ブラウンソースのきのこキーマ

たっぷりきのこと焦がしバターの香り高いブラウンソースで、ワンランク上の味わいに。

材料(2人分)

合いびき肉	150g
玉ねぎ(あらいみじん切り)	100g
好みのきのこ(しめじ、エリンギなど)	合わせて100g
小麦粉	大さじ2
A カレー粉	大さじ1
おろしにんにく、おろししょうが	各小さじ1
B ウスターソース	大さじ1
砂糖、酢	各小さじ1
顆粒コンソメ	小さじ1
バター	10g

作り方

1. きのこは食べやすい大きさにほぐす。

2. 鍋に小麦粉とバターを入れ、まぜながら加熱する。茶色く色づいたら、Aを加えてまぜる。

3. ひき肉、玉ねぎ、1、Bを加えてよくまぜる。水300mlを加え、煮立ってから5分煮る。

きのこは数種類使うと味に深みが出ます

オイスターソース×カレー粉で
濃厚スパイシー♡

KEEMA 034 たっぷりしいたけの中華風キーマ

しいたけをこまかく刻んで、ひき肉と一体化させるのがポイント！うまみが増幅します。

材料（2人分）

合いびき肉	150g
しいたけ	100g
玉ねぎ（あらいみじん切り）	100g
A ┌ カレー粉、オイスターソース	各大さじ1
│ しょうゆ	大さじ1/2
│ 砂糖、おろしにんにく	各小さじ1
└ 鶏ガラスープのもと	小さじ1/2
ごま油	大さじ1/2

作り方

1. しいたけは石づきをとって、みじん切りにする。
2. フライパンにごま油、玉ねぎ、ひき肉を入れ、肉にこんがりと焼き色がつくまでいためる。
3. 1とA、水100mlを加え、水けがなくなるまでまぜながら煮詰める。

カレーにハワイの風を吹かせます

035 ロコモコ丼風キーマ

ハンバーグ部分をドライタイプのキーマカレーに。ハンバーグを焼くよりだいぶ簡単！

材料（2人分）

合いびき肉	150g
玉ねぎ（あらいみじん切り）	100g
A　トマトケチャップ	大さじ2
カレー粉、中濃ソース	各大さじ1
おろしにんにく	小さじ1
塩	小さじ1/4
あらびき黒こしょう	ひとつまみ
サラダ油	大さじ1/2

作り方

1. フライパンにサラダ油と玉ねぎを入れ、こんがりといためたら、ひき肉を加え、しっかり火が通るまでいためる。
2. Aと水50mlを加えてまぜ、水けが飛ぶまで3分ほどいためる。
3. 器に好みのごはんを盛り、好みのトッピングとともに2をのせる。

036 エスニック風キーマ焼きうどん

キーマカレーソースでいため煮にして、うどんにしっかりソースを吸わせます。

材料（2人分）

合いびき肉	100g
小松菜	100g
玉ねぎ（あらいみじん切り）	100g
A　カレー粉	大さじ1
ナンプラー	大さじ1/2
砂糖、おろしにんにく、鶏ガラスープのもと	各小さじ1
あらびき黒こしょう	小さじ1/4
バター	5g
ゆでうどん	2玉(200g)
塩、こしょう	各適量

作り方

1. 小松菜は1cm長さの小口切りにする。
2. フライパンにバター、ひき肉、玉ねぎを入れ、焼き目がつくようにいためる。
3. 1とA、水100mlを加えてひと煮立ちさせ、うどんを加えて2分ほどいためて水けをとばし、塩、こしょうで味をととのえる。

野菜は家にあるもので代用してもOK！

CHAPTER 2　合いびき肉 × カレー粉

スパイスの刺激で最後まで飽きさせない♡

15 MIN カレー粉 HOT LEVEL

KEEMA 037 カリーボナーラ

パスタ界の大人気メニューを、キーマカレーバージョンに。
まろやかでスパイシーで、止まらない！

材料（2人分）

合いびき肉	200g
とき卵	1個分
おろしにんにく	小さじ1/2
A ┌ カレー粉	大さじ1
├ 粉チーズ	大さじ2
├ スキムミルク（脱脂粉乳）	20g
└ 塩	小さじ1/2
スパゲッティ	160g
バター	5g

作り方

1. スパゲッティは袋の表示どおりにゆで、ざるに上げて湯をきる。

2. フライパンにバターとひき肉、にんにくを入れてこんがりとするまでいため、Aを加えてさらに2分いためる。

3. 火を止めて、とき卵と1を加えてからめる。

スキムミルク使用 JA全農酪農部イチオシ

CHAPTER 2　合いびき肉 × カレー粉

スキムミルクって多めに入れるとチーズみたいなコクが出る！ カロリー&脂肪を減らして、おいしさアップ♡

038 濃厚チーズキーマ

チーズのダブル使いで、じっくり煮込んだ欧風カレーの雰囲気に。

材料（2人分）

合いびき肉	200g
玉ねぎ（あらいみじん切り）	100g
エリンギ	100g
おろしにんにく	小さじ1
A ピザ用チーズ	30g
粉チーズ	大さじ1
カレールウ	30g
クミン（パウダー）	小さじ1/2
あらびき黒こしょう	小さじ1/4
サラダ油	大さじ1

作り方

1. エリンギは縦3〜4等分に切る。
2. フライパンにサラダ油を熱し、ひき肉、玉ねぎを入れて火が通るまでしっかりといためる。
3. 1、にんにく、水300mlを加えて3分煮たら、火を止めてAを加え、ルウをとかす。再び加熱し、とろみがついたら火を止める。

たっぷりチーズで仕上げる、リッチな一皿

039 かぼちゃのクリーミーキーマ

大きめにカットしたかぼちゃに、コクのあるキーマソースがからみます。レンチンで超簡単！

材料（2人分）

合いびき肉	150g
かぼちゃ	200g
玉ねぎ（あらいみじん切り）	100g
おろしにんにく	小さじ1/2
A　カレールウ	30g
スキムミルク（脱脂粉乳）	20g
和風だし	300ml

作り方

1. かぼちゃは5mm厚さの大きめの一口大に切る。
2. 耐熱容器に玉ねぎを入れてラップをかけ、電子レンジに3分かける。
3. ひき肉、1、にんにくを加え、軽くまぜてラップをかけ、さらに電子レンジに3分かける。
4. Aを加えて軽くまぜ、さらに電子レンジに2分かける。

子どもも喜ぶやさしい味わい

CHAPTER 2　合いびき肉 × カレールウ

食物繊維たっぷり！
体をととのえるキーマ

040 れんこんの和風キーマ

15MIN ／ カレールウ ／ HOT LEVEL

れんこんのシャクシャクした歯ごたえも楽しい一品。
だしをきかせた和のキーマは、うどんやそばとも好相性。

材料（2人分）

合いびき肉	150g
れんこん	150g
玉ねぎ（あらいみじん切り）	100g
顆粒和風だし	小さじ1/2
カレールウ	30g
コリアンダー（パウダー）	小さじ1
あらびき黒こしょう	ひとつまみ
ごま油	小さじ1

作り方

1. れんこんは1cm角に切る。

2. フライパンにごま油とひき肉を入れ、焼きつけるようにしていためる。肉がこんがりとしたら、玉ねぎを加えて色づくまでいためる。

3. れんこんを加えていため、コリアンダー、和風だし、水400mlを加え、煮立ってから5分ほど煮る。

4. 火を止め、ルウを加えてとかし、黒こしょうを加えて再び1分加熱してとろみをつける。

CHAPTER 3

鶏ひき肉のキーマ

KEEMA CURRY WITH GROUND CHICKEN

クセのない味わいの鶏ひき肉は、
野菜や乳製品との組み合わせで自在に表情を変える万能スター。
意外な組み合わせにもぜひチャレンジを!

041 バターチキン風スパイシーキーマ

トマトペースト＆スキムミルクで手軽にコクをプラス！
さっといため煮にするだけで、専門店のような味に仕上がります。

材料（2人分）

鶏ひき肉 …………………………… 100g

A
- スキムミルク（脱脂粉乳） ………… 30g
- トマトペースト ………………… 大さじ2
- 塩、鶏ガラスープのもと …………… 各小さじ1/2
- おろしにんにく、おろししょうが …………… 各小さじ1/4

○ パウダースパイス
- パプリカ …………………………… 小さじ1
- ターメリック、コリアンダー …………… 各小さじ1/2
- チリペッパー …………………… 小さじ1/4
- シナモン ……………………… ひとつまみ

バター ………………………………… 10g

作り方

1. フライパンにバターとひき肉を入れて火にかけ、肉に火が通るまでいためる。
2. **A**と**パウダースパイス**を加えてよくまぜ、水200mlを加え、煮立ってから3分煮る。

CHAPTER 3 鶏ひき肉 × スパイス

玉ねぎなしのシンプル仕上げ、とにかく時短です。みんなに愛される王道カレー

ジューシーな大根がゴロゴロ！

10 MIN / スパイス / HOT LEVEL

042 しらすと大根のキーマ

鶏肉、しらす、ヨーグルト。うまみの掛け算で奥深い味わいに。

材料（2人分）

鶏ひき肉	150g
大根（1cm角に切る）	150g
玉ねぎ（あらいみじん切り）	100g
A しらす干し	50g
プレーンヨーグルト	100g
梅干し（刻む）	小さじ1
塩、おろしにんにく、おろししょうが、顆粒和風だし	各小さじ1/2

○ **ホールスパイス**

マスタードシード	小さじ1/2

○ **パウダースパイス**

クミン、ターメリック	各小さじ1
ガラムマサラ	小さじ1/2
黒こしょう	小さじ1/4
チリペッパー	ひとつまみ
サラダ油	大さじ1

作り方

1. フライパンにサラダ油と**ホールスパイス**、玉ねぎを入れ、玉ねぎがこんがりとするまでいためる。

2. ひき肉とA、**パウダースパイス**を加えてよくまぜ、大根と水200mlを加えて蓋をし、煮立ってから5分煮る。

043 ほうれんそうのチキンキーマ

冷凍ほうれんそうを使えば、下ゆで不要でさらに手軽！

材料（2人分）

鶏ひき肉	200g
ほうれんそう	150g
玉ねぎ（あらいみじん切り）	100g
A ┌ トマト缶（カットタイプ）	100g
├ 顆粒コンソメ	小さじ1
└ 塩、おろしにんにく、おろししょうが	小さじ1/2

○ ホールスパイス

クミン	小さじ1/2

○ パウダースパイス

クミン	小さじ1
コリアンダー、ターメリック	小さじ1/2
チリペッパー	小さじ1/4
牛乳	100ml
バター	10g

作り方

1. ほうれんそうはさっとゆでて水けをしぼり、1cm長さに切る。
2. 鍋にバター、**ホールスパイス**、玉ねぎを入れて玉ねぎがこんがりとするまでいため、ひき肉とA、**パウダースパイス**を加えてよくまぜ合わせる。
3. 1と水200mlを加え、煮立ってから5分煮る。牛乳を加え、ひと煮する。

CHAPTER 3 　鶏ひき肉 × スパイス

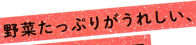
野菜たっぷりがうれしい、ヘルシーキーマ

じゃがいも入りキーマ以外は全部冷凍可能です。何種類か作って冷凍しておけば、お店みたいな"合いがけ"も手軽に楽しめちゃう！

水を使わず、食材の
うまみを凝縮！

 15 MIN スパイス

KEEMA 044 無水チキンキーマ

食材の水分だけで煮るから、驚くほど濃厚な味わいに。食材のパワーを感じます！

材料（2人分）

鶏ひき肉	150g
玉ねぎ（あらいみじん切り）	200g
プレーンヨーグルト	100g
A ┌ トマト缶（カットタイプ）	200g
├ みりん	大さじ1
├ しょうゆ	小さじ1
└ 塩	小さじ1/2

● パウダースパイス

クミン、コリアンダー、ターメリック	各小さじ1/2
カルダモン、チリペッパー	各小さじ1/4
黒こしょう	小さじ1/5
サラダ油	大さじ2

作り方

1. フライパンにサラダ油と玉ねぎを入れ、こんがりとするまで5分ほどしっかりいためる。
2. ひき肉とAを加え、煮立ったらまぜながら5分煮る。
3. パウダースパイス、ヨーグルトを加え、さらに3分煮る。

045 みそクリームの キーマパスタ

生クリームもチーズも使わないのに、驚きのコク！ スパイスで華やかな刺激をプラスして。

材料（2人分）

- 鶏ひき肉 …………………………… 200g
- A
  - スキムミルク（脱脂粉乳）……… 40g
  - 小麦粉 ……………………… 大さじ2
  - みそ ………………………… 大さじ1
  - おろしにんにく、おろししょうが
    ………………………………… 各小さじ1/2
- パウダースパイス
  - クミン、コリアンダー、カルダモン
    ………………………………… 各小さじ1/2
  - あらびき黒こしょう ………… 小さじ1/4
- スパゲッティ ……………………… 140g
- バター ……………………………… 10g

作り方

1. スパゲッティは袋の表示どおりにゆで、ざるに上げて湯をきる。
2. フライパンにバターとひき肉を入れ、肉に火が通るまでいためたら、火を止める。
3. A、パウダースパイス、水200mlを加えてよくまぜたら、再び火にかけ、煮立ってから2分煮る。1を加えてあえる。

CHAPTER 3 鶏ひき肉 × スパイス

みそとスパイスで、ひと味違うクリームソースに

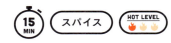

046 キャベツとレンズ豆の チキンキーマ

レンズ豆は軽く煮るだけでやわらかくとろけて、甘みとうまみのベースに！

材料（2人分）

鶏ひき肉	100g
キャベツ	200g
玉ねぎ（あらいみじん切り）	100g
A ┌ トマト缶（カットタイプ）	100g
│ レンズ豆（乾燥）	50g
│ 顆粒コンソメ	小さじ1
│ おろしにんにく、おろししょうが	各小さじ1/2
└ 塩	小さじ1/2

○ **パウダースパイス**

コリアンダー、ターメリック	各小さじ1
クミン	小さじ1/2
チリペッパー	小さじ1/4
あらびき黒こしょう	ひとつまみ
サラダ油	大さじ1

作り方

1 キャベツは3cm角に切る。

2 鍋にサラダ油と玉ねぎを入れ、玉ねぎがこんがりとするまでいためる。

3 ひき肉とA、**パウダースパイス**を加え、よくまぜ合わせる。

4 **1**と水400mlを加え、煮立ったら蓋をし、ときどきまぜながら10分ほど煮る。

ヘルシーな見た目を裏切る！
ふくよかな風味にうっとり♡

CHAPTER 3

鶏ひき肉 × スパイス

047 オクラのとろりんキーマ

インドでもよく食べられているオクラ。スパイスと好相性で、カレーにもぴったり!

材料(2人分)

鶏ひき肉	200g
玉ねぎ(あらいみじん切り)	100g
オクラ	100g
A トマト缶(カットタイプ)	100g
おろしにんにく、おろししょうが	各小さじ1/2
しょうゆ	小さじ1
塩	小さじ1/2

○ **パウダースパイス**
  コリアンダー、ガラムマサラ ……… 各小さじ1
  カルダモン、チリペッパー ……… 各小さじ1/4

鶏ガラスープのもと ……… 小さじ1/2
サラダ油 ……… 大さじ1

作り方

1 オクラはガクをとって小口切りにする。

2 フライパンにサラダ油と玉ねぎを入れ、こんがりとするまでいためる。

3 ひき肉、A、**パウダースパイス**を加え、肉に火が通ったら、**1**と鶏ガラスープのもと、水200mlを加え、煮立ってから3分ほど煮る。

CHAPTER 3 鶏ひき肉 × スパイス

オクラの自然なとろみで
やさしい口当たりに

レモンのフレッシュな酸味で軽やかに

048 レモンクリームキーマ

さわやかなレモンの風味とスパイスの刺激のハーモニーも楽しい、ちょっとおしゃれなキーマです。

材料（2人分）

鶏ひき肉	200g
玉ねぎ（あらいみじん切り）	100g
A スキムミルク（脱脂粉乳）	30g
小麦粉	大さじ2
顆粒コンソメ	小さじ1
砂糖	小さじ1
塩	小さじ1/2

○ **パウダースパイス**

コリアンダー	小さじ1
ガラムマサラ、カルダモン	各小さじ1/2
黒こしょう	小さじ1/5
レモン汁	大さじ1/2
塩、こしょう	各適量
サラダ油	大さじ1/2

作り方

1. フライパンにサラダ油と玉ねぎを入れ、こんがりとするまでいためたら、ひき肉を加え、火が通るまでしっかりといためる。

2. Aと**パウダースパイス**を加え、よくまぜてから水300mlを加え、煮立ってから3分煮る。

3. レモン汁を加えてまぜ、塩、こしょうで味をととのえる。

レモンの酸味が味を引き締める！　スパイスの風味を引き立てる効果も♡

さつまいもの自然な甘みが
スパイスの芳醇な香りと調和

049 マッサマンキーマカレー

マッサマンカレーは、タイ南部のカレー。甘くてスパイシー、リッチな風味がクセになる！

材料（2人分）

鶏ひき肉	150g
さつまいも	150g
玉ねぎ（あらいみじん切り）	100g
A 砂糖	小さじ1
おろしにんにく	小さじ1/2
B ココナッツミルク	200ml
マッサマンカレーペースト	25g

○ **パウダースパイス**

クミン	小さじ1
ターメリック	小さじ1/2
サラダ油	大さじ1/2

作り方

1 さつまいもは皮つきのまま1cm角に切る。

2 鍋にサラダ油と玉ねぎを入れていため、火が通ったら、ひき肉とAを加えて肉に火が通るまでしっかりといためる。

3 1とB、パウダースパイス、水100mlを加えてまぜ、煮立ってから5分煮る。

KEEMA 050 干しえび香る枝豆キーマ

干しえびとスパイスの合わせ技で、エキゾチックな香りを演出。枝豆の食感も楽しい!

材料(2人分)

鶏ひき肉	200g
むき枝豆(冷凍)	100g
玉ねぎ(あらいみじん切り)	100g
A プレーンヨーグルト	100g
干しえび	大さじ2
塩、おろしにんにく、おろししょうが	各小さじ1/2
顆粒和風だし	小さじ1/2

○ パウダースパイス
- コリアンダー 小さじ1
- クミン、ターメリック、チリペッパー 各小さじ1/2

サラダ油 大さじ1

作り方

1. フライパンにサラダ油と玉ねぎを入れ、こんがりとするまでいためたら、火を止める。

2. ひき肉とA、**パウダースパイス**を加えてなじませるようによくまぜ、枝豆と水100mlを加えて再び火にかけ、煮立ってから5分煮る。

CHAPTER 3 鶏ひき肉 × スパイス

香ばしい干しえびでアジアンテイストに

051 納豆のチキンキーマ

納豆は水洗いして粘りをオフ。うまみはそのままに、食べやすく仕上げます。

材料（2人分）

鶏ひき肉	100g
納豆	2パック
玉ねぎ（あらいみじん切り）	100g
A トマト缶（カットタイプ）	100g
しょうゆ	小さじ1
塩、おろしにんにく、おろししょうが、顆粒和風だし	各小さじ1/2

○ ホールスパイス

クミン	小さじ1/2
赤唐辛子	1本

○ パウダースパイス

クミン	小さじ1
ターメリック、コリアンダー、チリペッパー	各小さじ1/2
サラダ油	大さじ1

作り方

1. ボウルに納豆を入れ、ぬるま湯で洗って粘りをとり、ざるに上げて水けをきる。

2. フライパンにサラダ油と**ホールスパイス**、玉ねぎを入れ、玉ねぎがこんがりとするまでいためる。

3. ひき肉とA、**パウダースパイス**を加えてよくまぜ、1分いためる。

4. 1と水200mlを加え、煮立ってから3分煮る。

滋味深い納豆が意外にもカレーにマッチ！

15 MIN / スパイス / HOT LEVEL

KEEMA 052 梅ごぼうのキーマ

スパイスカレーによく使われるタマリンドの甘ずっぱさを、梅干しで代用。

CHAPTER 3 鶏ひき肉 × スパイス

材料(2人分)

鶏ひき肉	200g
ごぼう	1本(130g)
玉ねぎ(あらいみじん切り)	100g
梅干し(刻む)	大さじ1

○ ホールスパイス
　マスタードシード ……… 小さじ1/2
　赤唐辛子 ……………………… 1本

○ パウダースパイス
　クミン、コリアンダー、山椒
　　　　　　　　　　 各小さじ1
　ターメリック ……… 小さじ1/2
　チリペッパー ……… 小さじ1/4
A　塩、顆粒和風だし … 各小さじ1/2
サラダ油 ………………… 大さじ1

作り方

1. ごぼうは1cm角に切る。

2. 鍋にサラダ油とホールスパイス、玉ねぎを入れ、玉ねぎがこんがりとするまでいためる。

3. ひき肉、1、梅干し、パウダースパイス、Aを加えてよくまぜ、水300mlを加え、蓋をして10分煮る。

梅の酸味がごぼうの風味を引き立てる!

和の高菜漬けで
エスニックな一皿に

KEEMA 053 高菜のスープ春雨キーマ

乳酸発酵した漬け物のうまみと香り、ほどよい酸味を掛け合わせて。
タイの屋台風のカレースープ春雨です。

材料（2人分）

鶏ひき肉	100g
玉ねぎ（あらいみじん切り）	100g
高菜漬け（刻んだもの）	30g
春雨	30g
A ┌ カレー粉、ナンプラー	各大さじ1
├ おろしにんにく、鶏ガラスープのもと	各小さじ1
└ 砂糖	小さじ1/2
塩、こしょう	各適量
ごま油	大さじ1

作り方

1. 鍋にごま油、玉ねぎ、ひき肉を入れて火にかけ、全体に火が通るまでいためる。
2. Aと水400mlを加え、煮立ったら高菜漬けと春雨を加えて蓋をし、5分煮る。塩、こしょうで味をととのえる。

CHAPTER 3 — 鶏ひき肉 × カレー粉

> 高菜漬けは、商品によって塩けがだいぶ異なります。最後の塩、こしょうは、必ず味見をしてからに！

054 うずら卵の和風キーマ

みそ×カレー粉でまろやかな和のキーマカレーに。うずら卵好きに捧げます。

材料（2人分）

鶏ひき肉	200g
うずら卵（水煮）	14個
玉ねぎ（あらいみじん切り）	100g
A　プレーンヨーグルト	100g
カレー粉、みそ	各大さじ1
砂糖	小さじ1
おろしにんにく、おろししょうが、顆粒和風だし	各小さじ1/2
塩	小さじ1/4
あらびき黒こしょう	ひとつまみ
サラダ油	大さじ1

作り方

1. フライパンにサラダ油と玉ねぎを入れ、玉ねぎがこんがりとするまでいためたら火を止める。

2. ひき肉とAを加え、よくまぜたら再び火にかけ、うずら卵、水200mlを加え、煮立ってから3分煮る。

ほっくりうずら卵をころころたっぷり♡

昆布のうまみがじんわりしみる!

⏱10 MIN ・ カレー粉 ・ HOT LEVEL

055 塩昆布のチキンキーマ

塩昆布の塩けとうまみが味の決め手。ごはんの食べすぎ注意です。

CHAPTER 3 　鶏ひき肉 × カレー粉

材料(2人分)

鶏ひき肉	300g
玉ねぎ(あらいみじん切り)	100g
A　塩昆布	20g
カレー粉	大さじ1
酢	小さじ1
おろしにんにく、おろししょうが	各小さじ1/2
塩、こしょう	各適量
ごま油	大さじ1

作り方

1 フライパンにごま油と玉ねぎを入れ、玉ねぎがこんがりとするまでいためる。

2 ひき肉とA、水100mlを加え、まぜながら5分ほど煮て水けをとばし、塩、こしょうで味をととのえる。

ふわふわ卵が決め手！
ごはんにからめて召し上がれ

KEEMA 056 プーパッポンカレーキーマ

タイのシーフードレストランの定番・かにのカレー炒めを、手軽な食材でアレンジ！

材料（2人分）

鶏ひき肉	150g
かに風味かまぼこ	80g
とき卵	3個分
A ┌ カレー粉、ナンプラー	各大さじ1
├ 砂糖	大さじ1/2
├ おろしにんにく	小さじ1/2
└ 鶏ガラスープのもと	小さじ1/2
サラダ油	小さじ1

作り方

1 かにかまは手で裂いてほぐす。

2 フライパンにサラダ油とひき肉を入れ、火が通るまでいためる。

3 Aと水100mlを加え、水分がとぶまでいためたら、かにかまを加えてとき卵を流し入れ、菜箸で大きくまぜながら火を通す。

057 ヤムウンセン風キーマ

ヤムウンセンは、タイのピリ辛春雨サラダ。カレー粉でインドの風をふわりと香らせて。

材料（2人分）

鶏ひき肉	100g
パクチー	20g
春雨	30g
A ┌ カレー粉、ナンプラー、砂糖	各大さじ1/2
└ おろしにんにく	小さじ1/2
レモン汁	大さじ1/2
あらびき黒こしょう	小さじ1/4
塩、こしょう	各適量
サラダ油	大さじ1

作り方

1. パクチーは1cm長さに切る。
2. フライパンにサラダ油、ひき肉、Aを入れていため、肉に火が通ったらボウルにとり出す。
3. 鍋に春雨と浸るくらいの水を入れて火にかけ、沸騰したら3分ゆで、洗って冷やし、水けをきる。
4. 2に1、3、レモン汁、黒こしょうを加えてまぜ、塩、こしょうで味をととのえる。

CHAPTER 3 鶏ひき肉 × カレー粉

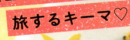

異国情緒たっぷり、旅するキーマ♡

058 ひじきのチキンキーマ

不足しがちな鉄やカルシウムもチャージできる、栄養満点キーマです。

材料（2人分）

鶏ひき肉	150g
ひじき（乾燥）	5g
玉ねぎ（あらいみじん切り）	100g
A ┌ トマト缶（カットタイプ）	100g
├ めんつゆ（3倍濃縮）	大さじ1
└ おろしにんにく	小さじ1
カレールウ	30g
塩、こしょう	各適量
サラダ油	大さじ1/2

作り方

1. ひじきは水でもどし、水けをきる。カレールウは刻む。
2. 鍋にサラダ油と玉ねぎを入れ、玉ねぎがこんがりとするまでいためる。
3. ひき肉、ひじき、Aを加えて、さらに3分ほどいためる。
4. ルウと水300mlを加えてルウをとかし、煮立ったらさらに1分加熱し、塩、こしょうで味をととのえる。

ふわっと漂う磯の香りがアクセント

お疲れモードをやさしく癒やす、とろみキーマ

KEEMA 059 とろねばモロヘイヤのキーマ

モロヘイヤのとろみが全体のまとめ役に。クセがないから青菜嫌いにもおすすめ！

材料（2人分）

鶏ひき肉	150g
玉ねぎ（あらいみじん切り）	100g
モロヘイヤ	100g
A　オイスターソース	大さじ1
クミン（パウダー）、おろしにんにく、鶏ガラスープのもと	各小さじ1
砂糖	小さじ1/2
カレールウ	25g
塩、こしょう	各適量
ごま油	小さじ1

作り方

1. モロヘイヤは1cm長さに切る。
2. フライパンにごま油と玉ねぎを入れ、こんがりとするまでいためる。
3. ひき肉、1、A、水300mlを加え、煮立ったら蓋をして3分煮る。
4. 火を止めてルウをとかし、再び火にかけてとろみをつけ、塩、こしょうで味をととのえる。

CHAPTER 3　鶏ひき肉 × カレールウ

060 長いものキーマ

角切りの長いもが、口の中でほろっとやさしくとろけます。

材料（2人分）

鶏ひき肉	150g
長いも	100g
玉ねぎ（あらいみじん切り）	100g
A　めんつゆ（3倍濃縮）	大さじ1
おろしにんにく	小さじ1
クミン（パウダー）	小さじ1/2
カレールウ	30g
あらびき黒こしょう	ひとつまみ
サラダ油	大さじ1

作り方

1. 長いもは1cm角に切る。

2. フライパンにサラダ油と玉ねぎを入れ、玉ねぎがこんがりとするまでいためる。

3. 1、ひき肉、A、水300mlを加え、煮立ったら蓋をして5分煮る。

4. いったん火を止め、ルウと黒こしょうを加えてルウをとかし、再び火にかけて1分煮る。

スタミナ食材で元気をチャージ！

ふわふわ、シャキシャキ！ 食感のコントラストも楽しい♡

10 MIN／カレールウ／HOT LEVEL

061 厚揚げともやしのキーマ

隠し味の梅干しの酸味で、コクがありながらさっぱり。お酒のつまみにもおすすめです。

材料（2人分）

鶏ひき肉	100g
厚揚げ	150g
もやし	200g
玉ねぎ（あらいみじん切り）	100g
A 梅干し（刻む）	大さじ1/2
おろしにんにく、おろししょうが	各小さじ1/2
顆粒和風だし	小さじ1/2
ナツメグ（パウダー）	ひとつまみ
カレールウ	20g
塩、こしょう	各適量
ごま油	大さじ1

作り方

1. 厚揚げは一口大に切る。カレールウは刻む。
2. フライパンにごま油と玉ねぎを入れ、玉ねぎがこんがりとするまでいためる。
3. ひき肉、厚揚げ、Aを加えて、よくまぜながら5分ほどいためる。
4. 水200ml、ルウ、もやしを加え、煮立ってから2分煮て、塩、こしょうで味をととのえる。

CHAPTER 3　鶏ひき肉 × カレールウ

一条もんこのカレー小噺2

スパイスの効能の話

「カレーを食べるとなんだか元気になる！」と感じたことはありませんか？ それもそのはず、カレーに使われるスパイスは、古くから薬としても用いられてきたものが多く、体にうれしい働きがたくさんあるのです。スパイスの力を味方につけて、ご機嫌な毎日を♡

クミン

健胃・整腸作用、食欲増進、消化促進などに効果あり。腸内環境を整え、肌あれ予防にも。

マスタードシード

血流を促進し、冷えの改善に役立つ。抗菌・抗炎症作用があり、風邪予防や免疫力アップにも貢献。

コリアンダー

強い抗酸化作用で、アンチエイジングに貢献。体の不要なものを排出するデトックス効果も期待できる。

クローブ

強い抗菌・抗酸化作用を持ち、口臭予防や消化促進に効果的。独特の香りにはリラックス効果も。

赤唐辛子

発汗作用で、美容・ダイエットに活躍。血行を促進し、基礎代謝の活性化にも役立つ。

カルダモン

幸せホルモンとも呼ばれる「セロトニン」の分泌を促進。穏やかでポジティブな気持ちに導く。

ターメリック

和名はウコン。肝機能のサポートにすぐれ、二日酔い予防のドリンクにも使われる。

シナモン

血行を促進し、冷え対策やむくみ解消に。血糖値の上昇を抑える効果にも注目！

黒こしょう

消化促進作用があり、胃腸の働きを整える。血流をよくし、体を温める作用も期待できる。

CHAPTER 4

魚介のキーマ

KEEMA CURRY WITH SEAFOOD

スパイスが引き立てる海の恵みを召し上がれ。
魚介を主役に、少量の肉を組み合わせた
ハイブリッドキーマも絶品です!

スパイス

062 いかとトマトの漁師風キーマ

スパイスの香りでいかのくさみを消し、うまみをぎゅぎゅっと引き出します。

材料（2人分）

するめいか ……………………… 1ぱい（150g）
玉ねぎ（あらいみじん切り） ……… 100g

A
- 豚ひき肉 ……………………… 150g
- トマト缶（カットタイプ） ……… 200g
- おろしにんにく ……………… 小さじ1
- 塩、顆粒和風だし ……… 各小さじ1/2

○ パウダースパイス
　クミン ……………………………… 小さじ1
　コリアンダー、ターメリック
　　　　　　　　　　　………… 各小さじ1/2
　あらびき黒こしょう、チリペッパー
　　　　　　　　　　　………… 各小さじ1/4
塩、こしょう ……………………… 各適量
サラダ油 ………………………… 大さじ1

作り方

1. いかは内臓ごと足を引き抜き、胴は軟骨を除いて洗い、1cm幅の輪切りにする。内臓とくちばしをとって、足は食べやすい長さに切る。

2. フライパンにサラダ油と玉ねぎを入れ、玉ねぎがこんがりとするまでいためる。

3. 1とA、**パウダースパイス**、水200mlを加え、煮立ってから3分煮て、塩、こしょうで味をととのえる。

CHAPTER 4　魚介 × スパイス

クミンやコリアンダーで魚介のうまみを引き立て、ターメリックでくさみをオフ♡

063 ぷりぷりたこのキーマ

たこに豊富なタウリンは疲労回復に効果的!
疲れた体にしみ渡るごちそうカレーです。

材料(2人分)

ゆでだこ	100g
豚ひき肉	200g
玉ねぎ(あらいみじん切り)	100g
A トマト缶(カットタイプ)	100g
顆粒コンソメ	小さじ1
塩、おろしにんにく、おろししょうが	各小さじ1/2

○ ホールスパイス

クミン	小さじ1/2
赤唐辛子	1本

○ パウダースパイス

クミン	小さじ1
ターメリック、コリアンダー	各小さじ1/2
チリペッパー	小さじ1/4
シナモン	ひとつまみ
塩、こしょう	各適量
サラダ油	大さじ1

作り方

1 たこは2cm角に切る。

2 フライパンにサラダ油、**ホールスパイス**、玉ねぎを入れ、こんがりといためる。

3 **1**とひき肉、A、**パウダースパイス**を加えてまぜ合わせ、水300mlを加え、煮立ってから5分煮て、塩、こしょうで味をととのえる。

CHAPTER 4

魚介 × スパイス

たこのうまみがとけ出す
上品な魚介キーマ

064 あさりのみそ風味キーマ

あさりの上品なだしを生かしたカレー。
発酵食材のヨーグルトとみそで、風味豊かに仕上げます。

材料（2人分）

あさり（むき身）	100g
玉ねぎ（あらいみじん切り）	100g

A
- 鶏ひき肉 …… 200g
- みそ …… 大さじ1
- おろしにんにく、おろししょうが …… 各小さじ1/2
- 塩 …… 小さじ1/4

プレーンヨーグルト …… 100g

○ **パウダースパイス**
- クミン …… 小さじ1
- コリアンダー、ターメリック …… 各小さじ1/2
- 黒こしょう …… 小さじ1/4
- チリペッパー …… ひとつまみ

サラダ油 …… 大さじ1

作り方

1. フライパンにサラダ油と玉ねぎを入れ、こんがりといためる。
2. あさりとA、**パウダースパイス**を加えてよくまぜ、ヨーグルトを加えてさらによくまぜ、水けをとばすように3分ほど煮る。

CHAPTER 4　魚介×スパイス

砂出しいらずの冷凍あさりや缶詰のむき身を使えば、便利で時短♡

065 うまみたっぷりかきキーマ

かきは刻めば、少量でも存在感ばっちり！ スパイスでうまみを最大限に引き出します。

材料（2人分）

生がき	4個（80g）
豚ひき肉	200g
玉ねぎ（あらいみじん切り）	100g
赤ワイン	大さじ1

A
- トマト缶（カットタイプ） 100g
- 顆粒コンソメ 小さじ1
- 砂糖、塩、おろしにんにく、おろししょうが 各小さじ1/2

○ パウダースパイス
- クミン 小さじ1
- コリアンダー、ターメリック 各小さじ1/2
- チリペッパー 小さじ1/4

あらびき黒こしょう 小さじ1/4
サラダ油 大さじ1

作り方

1 かきはあらいみじん切りにする。

2 フライパンにサラダ油、玉ねぎ、ひき肉を入れてこんがりといため、1と赤ワインを加え、水けをとばす。

3 Aとパウダースパイスを加えてまぜ、水200mlを加え、煮立ってから5分煮て、黒こしょうを振る。

かきのミネラル感とスパイスの相性は抜群！

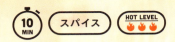

えび好きのハート、射抜きます♡

KEEMA 066 山椒香るえびキーマ

えびチリ風味×スパイスの新感覚キーマ。ピリッとしびれる辛みがたまりません。

材料（2人分）

むきえび	100g
鶏ひき肉	200g
玉ねぎ（あらいみじん切り）	100g
A トマトケチャップ	大さじ3
豆板醤	大さじ1/2
砂糖、しょうゆ	各小さじ1
鶏ガラスープのもと	小さじ1/2
塩	小さじ1/4

○ **ホールスパイス**

マスタードシード	小さじ1/2
赤唐辛子	1本

○ **パウダースパイス**

山椒	小さじ1
クミン、コリアンダー、ターメリック	各小さじ1/2
チリペッパー	小さじ1/5
ごま油	大さじ1

CHAPTER 4　魚介×スパイス

作り方

1. えびはあらいみじん切りにする。
2. フライパンにごま油と**ホールスパイス**、1、玉ねぎ、ひき肉を入れ、こんがりといためる。
3. Aと**パウダースパイス**を加えてなじませ、水200mlを加え、煮立ってから3分煮る。

牛乳のコクとシーフードの
うまみがとけ合う

067 シーフードミックスの ホワイトキーマ

シーフードミックスは塩水につけて解凍すると、縮みにくく、ぷりっとした食感に！

材料（2人分）

シーフードミックス（冷凍。解凍する）	150g
鶏ひき肉	150g
玉ねぎ（あらいみじん切り）	100g
A 小麦粉	大さじ2
牛乳	200ml
B 顆粒コンソメ	小さじ1
塩	小さじ1/2

● パウダースパイス

コリアンダー	小さじ1
クミン	小さじ1/2
カルダモン	小さじ1/3
黒こしょう	小さじ1/4
あらびき黒こしょう	ひとつまみ
塩	適量
サラダ油	大さじ1

作り方

1. フライパンにサラダ油と玉ねぎを入れ、玉ねぎが透き通るまでいためたら、シーフードミックスとひき肉を加え、火が通るまでいためる。

2. まぜ合わせたAを加えてまぜたら、Bとパウダースパイス、水100mlを加え、まぜながら煮る。

3. とろみがついてきたら3分煮て、塩で味をととのえる。

CHAPTER 4　魚介 × スパイス

068 さばと大根のキーマ

さばは、スパイスとの相性がダントツにいい魚。焼きさばのほぐし身で作ると、さらに香ばしさがアップします。

材料（2人分）

さば水煮缶	1缶（正味150g）
大根	200g
玉ねぎ（あらいみじん切り）	100g

A
- トマト缶（カットタイプ） 100g
- 梅干し（刻む）、しょうゆ 各小さじ1
- 砂糖、おろしにんにく、おろししょうが 各小さじ1/2

○ ホールスパイス
- クミン 小さじ1/2
- 赤唐辛子 1本

○ パウダースパイス
- クミン 小さじ1
- コリアンダー、ターメリック、山椒 各小さじ1/2

塩、こしょう 各適量
サラダ油 大さじ1

作り方

1. 大根は1cm角に切る。さばは缶汁をきる。

2. フライパンにサラダ油、**ホールスパイス**、玉ねぎを入れ、玉ねぎがこんがりとするまでいためたら、さばとA、**パウダースパイス**を加え、木べらでさばをほぐしながらよくまぜ合わせる。

3. 大根と水200mlを加え、煮立ってから3分煮て、塩、こしょうで味をととのえる。

> 大根のかわりに、かぶやじゃがいもを入れても美味♡

滋味深いさばのうまみを心ゆくまで

CHAPTER 4

魚介 × スパイス

青じそとスパイスの香りを
まとわせた冷製キーマ

069 さばのキーマサラダ

温めて香りを引き出したスパイスオイルであえるだけ。
バゲットやクラッカーにのせれば、おしゃれな前菜に♡

材料（2人分）

さば水煮缶 ……………… 1缶（正味150g）
玉ねぎ（あらいみじん切り） ………… 50g
青じそ ……………………………………… 4枚
A ┌ レモン汁 …………………… 大さじ1/2
  │ しょうゆ …………………… 小さじ1
  │ おろしにんにく …………… 小さじ1/2
  └ 塩 ………………………… 小さじ1/4

○ ホールスパイス
　クミン …………………………… 小さじ1/2
　赤唐辛子 …………………………… 1本

○ パウダースパイス
　クミン、ターメリック ……… 各小さじ1/2
　あらびき黒こしょう ………… ひとつまみ

オリーブ油 ………………………… 大さじ1

作り方

1 玉ねぎは水に5分さらしてから水けをきる。青じそは細切りにする。

2 ボウルに汁をきったさばを入れて木べらでつぶし、**1**を加える。

3 小さめのフライパンにオリーブ油、**ホールスパイス**、**パウダースパイス**、Aを入れて火にかけ、煮立ってから30秒たったら、**2**に加えてまぜ、冷蔵室で30分以上おく。

CHAPTER 4　魚介 × スパイス

070 ちくわと大根の ココナッツキーマ

むちむちした歯ごたえと、みずみずしい大根のハーモニーが絶妙です。

材料（2人分）

ちくわ	4本（80g）
大根	200g
玉ねぎ（あらいみじん切り）	100g
A ┌ ココナッツミルク	200ml
│ 梅干し（刻む）	大さじ1/2
│ おろしにんにく	小さじ1
└ 塩、顆粒和風だし	各小さじ1/2

○ **パウダースパイス**

クミン、ターメリック、コリアンダー、ガラムマサラ	各小さじ1/2
チリペッパー	小さじ1/5
サラダ油	大さじ1

作り方

1. ちくわは1cm大、大根は1cm角に切る。
2. フライパンにサラダ油と玉ねぎを入れ、こんがりといためる。
3. **1**とA、**パウダースパイス**、水100mlを加え、煮立ってから5分煮る。

ココナッツミルクでエスニックな雰囲気に

071 鮭マヨキーマフレーク

食欲をそそるカレーの風味でごはんが消える……！
焼き鮭が残ったときにもおすすめ。

材料（2人分）

生鮭	2切れ（150g）
A ┌ マヨネーズ	大さじ2
├ すりごま	大さじ1
└ カレー粉	小さじ1

○ **パウダースパイス**

クミン	小さじ1/4
あらびき黒こしょう	ひとつまみ
塩	ひとつまみ

作り方

1. フライパンで鮭を両面焼き、皮と骨を除いてほぐし、ボウルに入れる。
2. Aと**パウダースパイス**を加えてまぜ、塩で味をととのえる。

ごはんのお供の定番 鮭フレークが進化！

CHAPTER 4 魚介 × スパイス

072 ぜいたく気分のかに風味キーマ

タイや南インドでは定番のかに×カレーの組み合わせを、かに風味かまぼこで手軽に。

材料（2人分）

かに風味かまぼこ	100g
玉ねぎ（あらいみじん切り）	100g
A 豚ひき肉	150g
カレー粉、オイスターソース	各大さじ1
しょうゆ	小さじ1
砂糖	小さじ1
おろしにんにく、おろししょうが	各小さじ1/2
鶏ガラスープのもと	小さじ1
B かたくり粉	大さじ1
水	大さじ2
ごま油	大さじ1/2

作り方

1. かに風味かまぼこはほぐしてからあらいみじん切りにする。

2. フライパンにごま油と玉ねぎを入れ、玉ねぎがこんがりとするまでいためる。

3. **1**とAを入れてよくまぜ、鶏ガラスープのもと、水300mlを加え、煮立ってから3分煮たら、まぜ合わせたBを回し入れてとろみがつくまでまぜながら煮る。

本場の味が気軽に楽しめる♡

073 ツナとじゃがいものキーマ

ノンオイルのツナならさっぱり、油漬けのものならこっくり。お好みでどうぞ♡

材料（2人分）

ツナ缶	80g（1缶）
じゃがいも	200g
玉ねぎ（あらいみじん切り）	100g
A ┌ トマト缶（カットタイプ）	100g
│ カレー粉	大さじ1
│ 顆粒コンソメ	小さじ2
│ おろしにんにく	小さじ1
│ 塩	小さじ1/2
└ ナツメグ（パウダー）	ひとつまみ
塩、こしょう	各適量
サラダ油	大さじ1

作り方

1. じゃがいもは皮つきのまま1cm角に切る。
2. フライパンにサラダ油と玉ねぎを入れてこんがりといため、1とA、水200mlを加える。
3. ツナを缶汁ごと加え、煮立ってから5分煮て、塩、こしょうで味をととのえる。

CHAPTER 4　魚介 × カレー粉

じゃがいもでほっくり　ボリュームアップ！

074 はんぺんキーマ

はんぺんの甘みとうまみで、まろやかなシーフードキーマに。

材料（2人分）

はんぺん	1枚
鶏ひき肉	150g
玉ねぎ（あらいみじん切り）	100g
A カレー粉	大さじ1
ナンプラー	大さじ1/2
砂糖	小さじ1
おろしにんにく、おろししょうが	各小さじ1/2
塩	小さじ1/4
顆粒和風だし	小さじ1/2
サラダ油	大さじ1

作り方

1. はんぺんは袋ごとよくもんでつぶす。

2. フライパンにサラダ油と玉ねぎを入れ、玉ねぎがこんがりとするまでいためたら、ひき肉を加えて火が通るまでいためる。

3. Aを加えてよくまぜ、1と和風だし、水200mlを加え、煮立ってから2分煮る。

ふわふわ食感にハマる新感覚キーマカレー

075 わかめのふりかけキーマ

刻めばキーマ、これもキーマ。酒のつまみにももってこいです。

材料（2人分）

- わかめ（乾燥）……………………… 10g
- A
  - いり白ごま、オイスターソース …………………………… 各大さじ1
  - カレー粉 ………………………… 大さじ1/2
  - 砂糖 ……………………………… 小さじ1
  - おろしにんにく、鶏ガラスープのもと …………………………… 各小さじ1/2
- ごま油 …………………………… 大さじ1

作り方

1. わかめはたっぷりの水でもどして水けをよくしぼり、刻む。
2. 鍋に1とA、水100mlを入れて弱火にかけ、水けがなくなるまで煮詰める。

CHAPTER 4　魚介 × カレー粉

わかめを刻んで煮詰めるだけ

もみつぶすとルウとなじむ！
海の恵みが香ります

076 魚肉ソーセージと キャベツのキーマカレー

「冷蔵庫に何にもない！」というときに、カレールウとおやつの魚肉ソーセージがあなたを救う……！

材料（2人分）

魚肉ソーセージ	2本（130g）
キャベツ	150g
玉ねぎ（あらいみじん切り）	100g
顆粒和風だし	小さじ1/2
牛乳	100ml
カレールウ	30g
あらびき黒こしょう	ひとつまみ
塩	適量
サラダ油	大さじ1

作り方

1. 魚肉ソーセージは包装フィルムの片側の先端を切って、指でもみつぶしながらしぼり出す。キャベツは一口大にちぎる。

2. フライパンにサラダ油と玉ねぎを入れてこんがりといため、1と和風だし、水200mlを加え、煮立ったら蓋をして5分煮る。

3. 火を止めてルウと牛乳を加えてルウをとかし、再び火にかけてとろみがつくまで煮たら、あらびき黒こしょうを加え、塩で味をととのえる。

> ソーセージをちねちねとひねり出すのも、ストレス解消になる、かも（笑）

CHAPTER 4　魚介 × カレールウ

一条もんこのカレー小噺3

作りおきキーマが便利すぎる話

具材がこまかくカットされているキーマカレーは、
「作りおきおかず」としても優秀。

数日保存しても肉がかたくなりにくく、
温め直せばできたての**おいしさが復活**します。
また、汁けが少ないドライタイプのキーマは、
冷めてもおいしく食べられるものが多いこともポイント。

油分が少ないため、
温度が下がっても油っこく感じないから、
お弁当にも向いています。
ドライタイプのキーマなら、汁もれの心配もなし！

さらにキーマは、**おにぎりの具材**としても最高。
わが家では、少しだけ余った作りおきキーマを
全部まとめてごはんにまぜ、
「キーマおにぎり」にしています。

汁けの少ないキーマなら、
1種でも2種でも**自由にまぜてOK！**
塩や粉チーズで味をととのえてにぎれば、
ワンハンドランチの完成です。

いろんなキーマのおいしさが一体に♡　ラップに包んで冷凍しておけば、忙しい日の救世主に！

CHAPTER 5

野菜のキーマ

KEEMA CURRY WITH VEGETABLES

野菜や豆の持ち味をぎゅーっと引き出せば、
こんなに滋味深くておいしい♡
野菜の底力を感じてください!

KEEMA 077 春菊とレンズ豆のキーマ

春菊のさわやかな香味にレンズ豆の甘み、トマトのうまみが三位一体に。
満足感と幸福感は折り紙つきです。

材料（2人分）

春菊	100g
玉ねぎ（あらいみじん切り）	100g

A
- トマト缶（カットタイプ） …… 100g
- レンズ豆（乾燥） …… 50g
- 顆粒コンソメ …… 小さじ1
- 塩、おろしにんにく、おろししょうが …… 各小さじ1/2

○ ホールスパイス
- クミン …… 小さじ1/2
- クローブ …… 2本

○ パウダースパイス
- クミン、ターメリック …… 各小さじ1
- コリアンダー、ガラムマサラ …… 各小さじ1/2
- チリペッパー …… 小さじ1/4

バター …… 10g
サラダ油 …… 大さじ1

作り方

1. 春菊は小口切りにする。

2. 鍋にバター、サラダ油、**ホールスパイス**、玉ねぎを入れ、玉ねぎがこんがりとするまでいためる。

3. 1、A、**パウダースパイス**、水400mlを加え、煮立ってから10分煮る。

> 油が多いと思うかもしれないけど、減らさないでー！

> 野菜カレーは、多めの油でしっかりと玉ねぎをいためることが超重要！ あめ色になるまで焦がし、うまみを最大限に引き出して

CHAPTER 5　野菜 × スパイス

078 さつまいものミルクキーマ

さつまいもの甘みを、スパイスの刺激が引き立てる！
マスタードシードのぷちぷち食感もアクセント。

材料（2人分）

さつまいも	200g
玉ねぎ（あらいみじん切り）	100g
A ┌ スキムミルク（脱脂粉乳）	30g
｜ 塩、おろしにんにく、おろししょうが、	
└ 顆粒和風だし	各小さじ1/2

○ ホールスパイス

マスタードシード	小さじ1/2
赤唐辛子	1本

○ パウダースパイス

ターメリック	小さじ1
カルダモン	小さじ1/2
サラダ油	大さじ1

作り方

1. さつまいもは皮つきのまま1cm角に切って5分ほど水にさらし、ざるに上げる。

2. フライパンにサラダ油と**ホールスパイス**、玉ねぎを入れ、玉ねぎがこんがりとするまでいためる。

3. 1とA、**パウダースパイス**、水300mlを加えてまぜ、煮立ってから5分煮る。

甘くて辛い、辛くて甘い。
口福の無限ループへようこそ

079 夏野菜のキーマ

みずみずしい夏野菜とトマト缶の水分だけで作る、無水キーマ。

CHAPTER 5 野菜 × スパイス

材料（2人分）

なす、ズッキーニ、ピーマンなど	
合わせて	200g
玉ねぎ（あらいみじん切り）	100g
A トマト缶（カットタイプ）	200g
A しょうゆ	小さじ1
A 塩	小さじ1/2
A 砂糖	小さじ1/2
○ ホールスパイス	
クミン	小さじ1/2
赤唐辛子	1本
○ パウダースパイス	
クミン、コリアンダー	各小さじ1
ターメリック	小さじ1/2
ナツメグ	ひとつまみ
サラダ油	大さじ1

作り方

1. なす、ズッキーニ、ピーマンはすべて1cm角に切る。
2. 鍋にサラダ油とホールスパイス、玉ねぎを入れ、玉ねぎがこんがりとするまでいためる。
3. Aとパウダースパイスを加えてよくまぜ合わせ、①を加え、煮立ったら蓋をしてときどきまぜながら5分ほど煮る。

水分たっぷりの野菜で元気をチャージ！

KEEMA 080 ラッサム

「南インドの薬膳スープ」ともいわれるラッサム。トマトの酸味とスパイスの辛みが特徴です。

材料（2人分）

トマト缶（カットタイプ）	200g
玉ねぎ（あらいみじん切り）	100g
レモン汁	大さじ1/2

○ ホールスパイス

クミン、マスタードシード	各小さじ1/2
赤唐辛子	1本

○ パウダースパイス

黒こしょう	小さじ1/2
塩	小さじ1/2
あらびき黒こしょう	小さじ1/4
サラダ油	大さじ2

作り方

1. 鍋にサラダ油とホールスパイス、玉ねぎを入れ、玉ねぎがフライドオニオン状になるように揚げ焼きにする。
2. トマト缶、パウダースパイス、塩、水300mlを加えて蓋をし、煮立ったら5分煮る。
3. 仕上げにあらびき黒こしょう、レモン汁を加える。

消化を助け、体を温めるスパイシーなスープ

081 サンバル

南インドのみそ汁的スープ。残った野菜を何でも入れて気軽に作って。

材料（2人分）

- 大根 …………………………… 100g
- なす …………………………… 1個（80g）
- にんじん ……………………… 50g
- 玉ねぎ（あらいみじん切り） … 100g
- A
  - トマト缶（カットタイプ） … 100g
  - 梅干し（刻む、またはねり梅） …………………………… 大さじ1/2
  - 砂糖、塩、おろしにんにく、おろししょうが … 各小さじ1/2
- レンズ豆（乾燥） ……………… 大さじ1

○ ホールスパイス
- マスタードシード ………… 小さじ1/2
- 赤唐辛子 ……………………… 1本

○ パウダースパイス
- コリアンダー ……………… 小さじ1
- クミン、ターメリック …… 各小さじ1/2
- チリペッパー ……………… 小さじ1/5
- サラダ油 ……………………… 大さじ2

作り方

1. 大根、なす、にんじんはすべて1cm角に切る。
2. 鍋にサラダ油、ホールスパイス、レンズ豆、玉ねぎを入れ、玉ねぎがこんがりとするまでいためる。
3. Aとパウダースパイスを加え、1分ほどいためる。
4. 1と水400mlを加え、煮立ったら蓋をして10分煮る。

毎日食べたくなる、野菜たっぷりスープ

CHAPTER 5　野菜 × スパイス

082 レンズ豆とじゃがいものベジキーマ

ごはんにかけてベジカレーライスにするのはもちろん、あと1品がほしいときのサブおかずとしても優秀！

材料（2人分）

じゃがいも	200g
玉ねぎ（あらいみじん切り）	100g
レンズ豆（乾燥）	30g
A［おろしにんにく	小さじ1
塩	小さじ1/2

○ ホールスパイス
　クミン ………………… 小さじ1/2

○ パウダースパイス
　ターメリック ………… 小さじ1/2
　カルダモン、チリペッパー
　　……………………… 各小さじ1/4
サラダ油 ………………… 大さじ1

作り方

1. じゃがいもは1cm角に切る。
2. フライパンにサラダ油とホールスパイス、玉ねぎ、レンズ豆を入れて火にかけ、玉ねぎがこんがりとするまでいためる。
3. 1とパウダースパイス、A、水200mlを加えて、10分ほど煮る。

CHAPTER 5 野菜 × スパイス

> 豆＝ダルは、インドカレーに欠かせない食材。レンズ豆のほかひよこ豆や緑豆、ピジョンピーという黄色い豆などがよく使われます

083 フレッシュトマトの冷たいキーマ

冷蔵室でじっくり味をなじませて、ひんやりさわやかなマリネに。おもてなしの一品にもぴったり。

材料（2人分）

トマト	200g
A 赤玉ねぎ（あらいみじん切り）	50g
しょうゆ、酢	各大さじ1/2
カレー粉	小さじ1
砂糖	小さじ1/4
塩、こしょう	各少々

作り方

1. トマトは1cm角に切ってボウルに入れる。

2. 小さめのフライパンにAを入れ、1分いためたら、**1**のボウルに加えてまぜ、冷蔵室で1時間以上冷やす。

甘ずっぱいトマトに
スパイスの魔法をかけて

CHAPTER 5

野菜 × カレー粉

スパイス香るいり豆腐風、ごはんと一緒にほおばって

 5 MIN カレー粉 HOT LEVEL

KEEMA 084 ふわふわ豆腐のキーマ

豆腐の水分をしっかりとばして、調味料を入れ込むのがポイント！

材料（2人分）

- A
  - 木綿豆腐 ······ 300g
  - みりん ······ 大さじ1
  - カレー粉、しょうゆ ······ 各大さじ1/2
  - かつお節 ······ 2g
- 塩、こしょう ······ 各適量
- サラダ油 ······ 大さじ1

作り方

1. フライパンにサラダ油を熱してAを入れ、豆腐をくずしながらいためる。
2. 水けがとんだら、塩、こしょうで味をととのえる。

085 えのきのつくだ煮風キーマ

えのきだけで手軽に作れる、作りおきおかずの定番メニュー。
カレー粉をきかせて、香ばしさをアップ！

材料（作りやすい分量）

- えのきだけ　……………………… 100g
- しょうゆ、みりん ……………… 各大さじ1
- 酢 ……………………………………… 大さじ1/2
- カレー粉、砂糖 ………………… 各小さじ1
- チリペッパー（パウダー）……… ひとつまみ

作り方

フライパンにすべての材料を入れ、煮立ったら3分ほど水けをとばすようにいためる。

進化系なめたけ爆誕！カレー風味がクセになる

CHAPTER 5　野菜 × カレー粉

香り立つきのこのうまみで
深みのある味わいに

10 MIN / カレールウ / HOT LEVEL

No.086 どっさりきのこの和風キーマ

どっさりきのこで、食物繊維とミネラルを補給。おいしくて体も喜ぶヘルシーキーマ。

材料（2人分）

- 好みのきのこ（えのき、しめじ、エリンギなど） ……合わせて200g
- 玉ねぎ（あらいみじん切り） ……100g
- トマト缶（カットタイプ） ……100g
- A
  - おろしにんにく ……小さじ1/2
  - かつお節 ……2g
- カレールウ ……30g
- あらびき黒こしょう ……小さじ1/5
- バター ……10g

作り方

1. きのこは1cm角に切る。
2. フライパンにバターと玉ねぎを入れ、こんがりとするまでいためる。
3. 1とA、水300mlを加え、煮立ったら蓋をして5分煮る。
4. 火を止めてルウを加えてとかし、こしょうを加え、再び火にかけてとろみがつくまで煮る。

とろけるなすで
笑顔もとろける

⏱10 MIN / カレールウ / HOT LEVEL 🌶🌶

087 焼きなすと油揚げのキーマ

香ばしいなすと油揚げのコクが絶妙なハーモニー。
隠し味の梅干しがうまみを引き立てます。

材料（2人分）

なす	160g（2個）
油揚げ	2枚
玉ねぎ（あらいみじん切り）	100g
A 梅干し（刻む）	小さじ1
顆粒和風だし	小さじ1/2
カレールウ	30g
ガラムマサラ	小さじ1/2
塩、こしょう	各適量
サラダ油	大さじ1

作り方

1. なすは1cm角、油揚げは横半分に切ってから1cm幅に切る。
2. フライパンを熱し、**1**を全体的にこんがりと焼いてとり出す。
3. サラダ油、玉ねぎを入れてこんがりといためたら、**2**とA、水200mlを加え、煮立ったら蓋をして5分煮る。
4. 火を止めてルウを加えてとかし、ガラムマサラを加え、再び火にかけて煮立ったら1分煮て、塩、こしょうで味をととのえる。

CHAPTER 5 　野菜 × カレールウ

一条もんこのカレー小噺4

食材アレンジLet's Tryの話

キーマカレーは、めちゃくちゃ懐の広い寛容な料理です。具材がこまかく刻まれ、一体感のある味わいになっているから、ひとつの食材だけが突出することなく、**アレンジしやすい**んです。

たとえば、鶏ひき肉のレシピを豚ひき肉や牛ひき肉にかえてもいいし、冷蔵庫にあるひき肉をミックスしてもかまいません。**ひき肉の違いで、濃厚さが変わる**ので、ぜひ好みの味を探求してみて。

また、本書では、玉ねぎを使うレシピが多く登場しますが、**長ねぎで代用してもOK**です。野菜も、重量をそろえればほかの野菜に置きかえて大丈夫です。柔軟な発想で、自由にキーマを楽しんで。

たとえば

トマト缶（カットタイプ）	ホールトマト缶、パックタイプのあらごしトマトはもちろん、1cm角に刻んだトマトでも代用OK！
顆粒和風だし、顆粒コンソメ、鶏ガラスープのもとなど	和風だしを同量のコンソメや鶏ガラスープのもとに置きかえれば、洋風、中華風に。かつおだし、昆布だしをひいて使っても最高！
レモン汁	酢でも代用OK。レモン汁の倍量にすると、同じくらいの酸味に。
梅干し	刻んだ梅干し大さじ1は、レモン汁大さじ1くらいの酸味。酸味は同等ですが、梅干しには塩分が含まれるので味をみながら調節して。
ナンプラー	同量のしょうゆで代用可能。塩少々で味をととのえて。

CHAPTER 6

リメイクキーマ

REMAKE KEEMA CURRY

市販のお惣菜やレトルトカレーを活用して、
ボリューム満点のキーマカレーに。
コスパも最高のお手軽アイデアレシピです。

ハンバーグをひき肉に戻す背徳グルメ！

088 つぶしハンバーグのキーマカレー

5 MIN / カレー粉 / HOT LEVEL

しっかりねられたハンバーグだからこそ、ふわっとやわらかな食感が楽しめます。

材料（2人分）

ハンバーグ（市販）	2個（160g）
しめじ	100g
A　トマト缶（カットタイプ）	100g
カレー粉、粉チーズ	各大さじ1
しょうゆ、顆粒コンソメ	各小さじ1
砂糖	小さじ1/2
塩	小さじ1/4
塩、こしょう	各適量

作り方

1. ハンバーグはポリ袋に入れ、もんでつぶす。しめじは石づきをとってほぐす。

2. 1、Aと水200mlを加え、煮立ってから3分煮込み、塩、こしょうで味をととのえる。

CHAPTER 6　惣菜・レトルトリメイク

> 調理ずみのお惣菜を使うから、加熱はごく短時間でOK。時短オブ時短！

冷凍ギョーザが カレーなる変身！

5 MIN ・ カレールウ ・ HOT LEVEL

089 元ギョーザカレー

ピーマンと玉ねぎを加え、かさ増し！1皿で大満足の中華風キーマの完成です。

材料（2人分）

冷凍ギョーザ	8個
ピーマン	2個
カレールウ	30g
塩、こしょう	各適量
ごま油	大さじ1

作り方

1. ピーマンは1cm角に切る。ギョーザは凍ったまま斜め半分に切る。
2. 鍋にごま油を熱してギョーザを入れ、解凍されるくらいまでいためる。
3. ピーマンと水300mlを加えて蓋をし、煮立ったら2分煮る。
4. 火を止め、ルウを加えてとかし、再び火にかけてとろみがつくまで煮る。塩、こしょうで味をととのえる。

090 シウマイキーマの スープカレー

少ない材料でも具だくさんな満足感。シウマイのうまみがとけ込んだ、中華風のスープカレーです。

材料（2人分）

シウマイ（市販）	4個（120g）
もやし	100g
とき卵	1個分
カレールウ	20g
A [鶏ガラスープのもと	小さじ1
おろしにんにく	小さじ1/2
塩、こしょう	各適量

作り方

1. シウマイはポリ袋に入れ、もんでつぶすか、袋の上からめん棒でのばしてつぶす。カレールウは刻む。

2. 鍋に**1**、もやし、A、水400mlを入れて火にかけ、ルウをとかしながら煮て、煮立ったら蓋をしてさらに3分煮る。

3. とき卵を流し入れ、箸で大きくまぜて火を止め、塩、こしょうで味をととのえる。

シウマイの皮がとけてやさしいとろみに

10 MIN カレー粉   HOT LEVEL

091 ミートボールの
トマトカレーパスタ

ミートボールはざっくりつぶせばOK！ほんのり香るスパイスで大人な仕上がり。

材料（2人分）

ミートボール（市販）	1袋（120g）
A トマト缶（カットタイプ）	100g
カレー粉、トマトケチャップ	各大さじ1
しょうゆ	小さじ1
スパゲッティ	140g
塩、こしょう	各適量

作り方

1. スパゲッティは袋の表示どおりにゆで、ざるに上げて湯をきる。
2. ミートボールは袋の上から手でもんでつぶす。
3. フライパンに**2**と**A**を入れて火にかけ、3分煮る。塩、こしょうで味をととのえ、皿に盛った**1**にかける。

大人も大満足の本格パスタが完成♡

アボカドともちを切って "キーマ" します

 3 MIN　レトルト　 HOT LEVEL

KEEMA 092 アボカドともちのレトルトキーマ

とろとろのアボカドと弾力のあるもちが、口の中で楽しく踊る新感覚キーマ。ルウのからみも最高！

材料（1人分）

レトルトカレー	1袋（200g）
アボカド	1/2個
切りもち	2個
塩、こしょう	各適量

作り方

1. アボカドともちは1cm角に切る。

2. 耐熱容器にレトルトカレーと**1**、塩、こしょうを入れて軽くまぜ、ラップをかけて電子レンジに2分かける。

あとはレンジにおまかせ♡

CHAPTER 6　惣菜・レトルトリメイク

ハーブの香りで
おしゃれにおめかし

 3 MIN　 レトルト　 HOT LEVEL

KEEMA 093 ハーブ香るほうれんそうの
　　　　チーズキーマ

常備食材&調味料で、いつものレトルトカレーをガラリとイメチェン！

材料（1人分）

レトルトカレー	1袋（200g）
ほうれんそう（冷凍。刻む）	50g
粉チーズ	大さじ1
すりごま	大さじ1/2
好みの乾燥ハーブ（バジル、オレガノなど）	小さじ1/2

作り方

耐熱容器にすべての材料を入れて軽くまぜ、ラップをかけて電子レンジに2分かける。

ほうれんそうは
キーマサイズに♡

CHAPTER 7

ビリヤニ＆炊き込みのキーマ

KEEMA CURRY WITH BIRYANI & PILAF

大注目のビリヤニを、キーマバージョンで！
もんこ流レシピなら、工程少なめで本格派。
炊飯器で炊けるビリヤニや手軽な炊き込みごはんも紹介します。

いつものお米で手軽に！
炊飯器でパラリと炊き上げます

60MIN / スパイス / HOT LEVEL

KEEMA 094 簡単炊飯器ビリヤニ

もっちり食感が特徴の日本の米は、炊飯前にスパイスオイルでコーティングするのがポイント。スパイスの香りが食欲をそそります。

材料（3〜4人分）

米 .... 360ml（2合）
玉ねぎ（あらいみじん切り）............ 200g

A ┌ 鶏ひき肉 150g
　├ トマト缶（カットタイプ）............ 100g
　├ 塩、しょうゆ、鶏ガラスープのもと
　└　.. 各小さじ1

○ **ホールスパイス**
クミン 小さじ1/2
クローブ 4本
シナモン（5cm長さ）......................... 1本

○ **パウダースパイス**
クミン 小さじ1
ターメリック、ガラムマサラ
　... 各小さじ1/2
コリアンダー、チリペッパー、
　黒こしょう 各小さじ1/4
サラダ油 大さじ1
バター 10g

作り方

1 米は洗って炊飯器の内釜に入れ、水360mlを注ぐ。

2 鍋にバター、サラダ油、**ホールスパイス**、玉ねぎを入れ、こんがりとするまでいためる。

3 A、**パウダースパイス**を加えてまぜながら10分ほど煮詰め、水分をとばす。

4 **1**に**3**を加えて軽くまぜ、普通に炊く。

CHAPTER 7　ビリヤニ&炊き込み

WHAT'S ビリヤニ？

ビリヤニとは、インドや中東で親しまれている、スパイス香る重ね蒸しごはん。インドでは、お祝いの席に欠かせない特別な料理です。手間のかかる工程も、心を込めたおもてなしの一環。もんこ流では、本場の味はそのままに、できるだけ簡単に作れるレシピに仕立てました！

095 チキンのキーマビリヤニ

バスマティライスはとても繊細。しゃもじでまぜると米粒が折れてしまうので、鍋の底からすくい上げ、キーマソースが上にくるようにひっくり返して盛りつけましょう。

材料（3〜4人分）

バスマティライス	200g
玉ねぎ（あらいみじん切り）	200g

A
- 鶏ひき肉 …… 200g
- プレーンヨーグルト …… 100g
- 塩、鶏ガラスープのもと …… 各小さじ1
- おろしにんにく、おろししょうが …… 各小さじ1/2

○ **ホールスパイス**
- マスタードシード …… 小さじ1/2
- クローブ …… 4本
- シナモン（5cm長さ） …… 1本

○ **パウダースパイス**
- クミン、コリアンダー、ターメリック …… 各小さじ1/2
- カルダモン、チリペッパー、黒こしょう …… 各小さじ1/4

サラダ油 …… 大さじ2

作り方

1. バスマティライスは洗わず、たっぷりの水に15分ほどつけ、ざるに上げる。

2. 鍋にサラダ油と**ホールスパイス**、玉ねぎを入れ、玉ねぎが茶色くフライドオニオン状になるまでいためる。

3. Aと**パウダースパイス**、水100mlを加え、8〜10分ほど、水けをとばすようにいため、火を止める。

4. 別の鍋に1ℓの湯を沸かし、塩小さじ1、サラダ油大さじ1/2（各分量外）を加え、**1**を6分ゆでる。ざるに上げてしっかりと湯をきり、鍋に戻して蓋をし、蒸らす。

5. **3**の鍋に**4**を約100g残して重ね、蓋をして弱火で3分蒸す。

6. **5**で残した米を色米にし（作り方は次ページ）、**5**に重ねる。

仕上げにパクチーや薄切りの赤玉ねぎなどを散らして、彩りアップ。アチャール（p.48）やライタ（p.155）を添え、まぜながら食べます。

色米（いろこめ）の作り方

1 ターメリック（パウダー）大さじ1を大さじ2の水でとき、鍋に残したバスマティライスに回しかける。

2 蓋をして、上下に振って色をつける。米が冷めるときれいに色づかないので、温かいうちに手早く！

CHAPTER 7 ビリヤニ＆炊き込み

ソースとお米を重ね、香りも華やかに蒸し上げる！

香りとうまみが渾然一体！
リピート確実のおいしさです

30 MIN ・ スパイス ・ HOT LEVEL

096 ポークキーマビリヤニ

うまみの強い豚肉に、トマトと酢のまろやかな酸味をプラス。あと味さっぱり、やみつきになるビリヤニに仕上げます。

材料（3～4人分）

バスマティライス	200g
玉ねぎ（あらいみじん切り）	100g

A
- 豚ひき肉 …… 200g
- トマト缶（カットタイプ）…… 100g
- しょうゆ、酢 …… 各大さじ1
- 塩、おろしにんにく、おろししょうが …… 各小さじ1
- 砂糖、顆粒和風だし …… 小さじ1/2

○ ホールスパイス
- クミン …… 小さじ1/2
- クローブ …… 5本
- シナモン（5cm長さ）…… 1本
- 赤唐辛子 …… 1本

○ パウダースパイス
- クミン …… 小さじ1
- コリアンダー、ターメリック、チリペッパー …… 各小さじ1/2

サラダ油 …… 大さじ2

作り方

1. バスマティライスは洗わず、たっぷりの水に15分ほどつけ、ざるに上げる。

2. 鍋にサラダ油とホールスパイス、玉ねぎを入れ、玉ねぎが茶色くフライドオニオン状になるまでいためる。

3. Aとパウダースパイスを加えてまぜ、水200mlを加え、煮立ってから3分ほど煮て水けをとばし、火を止める。

4. 別の鍋に1ℓの湯を沸かし、塩小さじ1、サラダ油大さじ1/2（各分量外）を加え、1を6分ゆでる。ざるに上げてしっかりと湯をきり、鍋に戻して蓋をし、蒸らす。

5. 3の鍋に4をしゃもじ2～3杯分残して重ね、蓋をして弱火で3～5分蒸す。

6. 5で残した米を色米にして（作り方p.151）、5に重ねる。

097 さばのキーマビリヤニ

脂の乗ったさばのうまみがパラリと炊けた米にからんで、口の中でまざります。水煮缶を使ってもおいしく作れます。

材料（3～4人分）

バスマティライス	200g
さば（半身）	1枚
玉ねぎ（あらいみじん切り）	200g
A ココナッツミルク	100ml
梅干し（刻む）	大さじ1/2
おろしにんにく、おろししょうが	各小さじ1/2

○ ホールスパイス
- クミン……小さじ1
- 黒こしょう……小さじ1/4
- ローリエ……2枚

○ パウダースパイス
- クミン、コリアンダー……小さじ1
- ターメリック、チリペッパー……各小さじ1/2

サラダ油……大さじ3

ココナッツの香りがふわり♡

作り方

1. バスマティライスは洗わず、たっぷりの水に15分ほどつけ、ざるに上げる。
2. 鍋にサラダ油大さじ1を熱し、さばの両面をこんがりと焼いてとり出し、皮と骨を除いてほぐす。
3. 同じ鍋に残りのサラダ油、玉ねぎ、**ホールスパイス**を入れ、玉ねぎが茶色くフライドオニオン状になるまでいためる。
4. Aと**パウダースパイス**、水100mlを加え、煮立ってから3分ほど煮て火を止める。
5. 別の鍋に1ℓの湯を沸かし、塩小さじ1、サラダ油大さじ1/2（各分量外）を加え、**1**を6分ゆでる。ざるに上げてしっかりと湯をきり、鍋に戻して蓋をし、蒸らす。
6. **4**の鍋に**5**をしゃもじ2～3杯分を残して重ね、蓋をして弱火で3分加熱する。
7. **6**で残した米を色米にして（作り方p.151）、**6**に重ねる。

CHAPTER 7　ビリヤニ&炊き込み

> 香り高いバスマティライスと繊細な野菜の味わいを堪能!

30 MIN / スパイス / HOT LEVEL

098 野菜の キーマビリヤニ

野菜と豆の持ち味を最大限に引き出した、ヘルシーなビリヤニです。バターでいためることで、芳醇なコクをプラスしました。

材料(3〜4人分)

バスマティライス ……………… 200g
玉ねぎ(あらいみじん切り) ……… 100g

A
- ミックスベジタブル(冷凍) ……… 100g
- ひよこ豆(水煮)、むき枝豆(冷凍)
  …………………………… 合わせて100g
- トマト缶(カットタイプ) ……… 100g
- しょうゆ、酢 …………………… 各大さじ1
- 塩、梅干し(刻む)、おろしにんにく、
  おろししょうが ……………… 各小さじ1
- 顆粒コンソメ ………………… 小さじ1/2

○ ホールスパイス
- クミン ………………………… 小さじ1
- クローブ ………………………… 6本
- シナモン(5cm長さ) ……………… 2本

○ パウダースパイス
- クミン、ターメリック ………… 各小さじ1
- ガラムマサラ、カルダモン、チリペッパー
  ……………………………… 各小さじ1/2

バター ………………………………… 20g

作り方

1. バスマティライスは洗わず、たっぷりの水に15分ほどつけ、ざるに上げる。

2. 鍋にバターと**ホールスパイス**、玉ねぎを入れ、玉ねぎがこんがりとするまでいためる。

3. Aと**パウダースパイス**を加えてまぜ、水100mlを加え、10分ほど煮て水けをとばし、火を止める。

4. 別の鍋に1ℓの湯を沸かし、塩小さじ1、サラダ油大さじ1/2(各分量外)を加え、**1**を6分ゆでる。ざるに上げてしっかりと湯をきり、鍋に戻して蓋をし、蒸らす。

5. **3**の鍋に**4**をしゃもじ2〜3杯分を残して重ね、蓋をして弱火で3〜5分蒸す。

6. **5**で残した米をターメリックライスにし(作り方p.151)、**5**に重ねる。

一条もんこのカレー小噺 5

ビリヤニの名脇役とプラオの話

ビリヤニと相性抜群

ライタ

ビリヤニに必ず添えられる、ヨーグルトソース。さわやかな酸味で味変を!

材料（作りやすい分量）と作り方

きゅうり1/4本、トマト1/4個は1cm角に、赤玉ねぎ20gはあらいみじん切りにする。プレーンヨーグルト100gに塩ひとつまみと切った野菜を加えてまぜる。

プラオ

お祝い料理のビリヤニよりもっと気軽な炊き込みごはんが、「プラオ」です。具材と米、スパイスを一緒に炊けば完成。バスマティライスを使えば、完全に本場の味です♡

鶏肉と枝豆のプラオ風

ホールスパイスで米に香りを移します♡

材料（3〜4人分）

米	360ml（2合）
鶏ひき肉	100g
むき枝豆（冷凍）	100g
A 鶏ガラスープのもと、おろしにんにく	各小さじ1
A 水	360ml
● ホールスパイス	
クミン	小さじ1
クローブ	6本
シナモン（5cm長さ）	2本
黒こしょう	10粒
塩	小さじ1
サラダ油	大さじ1

作り方

1 米は洗ってAとともに炊飯器の内釜に入れる。

2 フライパンにサラダ油と**ホールスパイス**を熱し、香りが立ったらひき肉を加えていためる。

3 ひき肉の色が変わったら、枝豆、塩とともに**1**に加え、普通に炊く。

099 キーマのカレーピラフ

炊飯器におまかせで、作業時間はたったの5分。かつて「ドライカレー」とも呼ばれた、あの味です。

どこかなつかしい喫茶店の味

材料（4人分）

米	360ml（2合）
ウインナソーセージ	5本（80g）
玉ねぎ（あらいみじん切り）	100g
A ─ 顆粒コンソメ	小さじ2
└ 水	380ml
B ┌ 粒コーン	100g
├ カレー粉	大さじ1
├ 粉チーズ	大さじ1
└ 塩	小さじ1
バター	10g

作り方

1 米は洗って炊飯器の内釜に入れ、**A**を加えて30分ほど浸水させる。

2 ウインナは1cm厚さに切る。

3 鍋にバターと玉ねぎを入れ、こんがりとするまでいためたら、**2**と**B**を加えてさっといためる。

4 **1**に**3**を加えて軽くまぜ、普通に炊く。

KEEMA 100 中華おこわ風キーマライス

カレーの香りが食欲をそそる！特別感のあるおこわは、おもてなしにもぴったり。

材料（4人分）

米	360ml（2合）
切りもち	2個
合いびき肉	100g
しいたけ	2〜3個（60g）
干しえび	大さじ2
A　カレー粉、オイスターソース、しょうゆ	各大さじ1
おろしにんにく、おろししょうが、鶏ガラスープのもと	各小さじ1
砂糖、塩	各小さじ1/2
あらびき黒こしょう	各小さじ1/4
ごま油	大さじ1

作り方

1. もちは細切りにし、しいたけは1cm角に切る。米は洗って30分ほど浸水させ、ざるに上げて水けをきる。
2. 鍋にごま油とひき肉を入れてしっかりいため、Aを加えてまぜる。
3. 1と干しえび、水380mlを加えて軽くまぜ、蓋をして強火にする。煮立ったら弱火にして10分加熱する。
4. 火を止めて5分蒸らし、温かいうちにまぜ合わせる。

切りもちと一緒に炊き込んでもっちりおこわに！

CHAPTER 7 ビリヤニ＆炊き込み

SWEETS

SPECIAL COLUMN カレーに合う

カルダモンのショートブレッド

[作り方]

1. バターは室温にもどしてからボウルに入れ、クリーム状になるまで泡立て器でよくねる。砂糖、塩を加えて白っぽくなるまでよくすりまぜる。
2. 薄力粉とカルダモンを加えてゴムべらでまぜ、小さなかたまり状になってきたら、手でひとまとめにする。
3. ラップで包み、めん棒で厚さ1cmに四角くのばし、冷蔵室で30分ほど生地を休ませる。
4. 包丁で2cm幅、4cm長さに切り、フォークで模様をつける。クッキングシートを敷いた天板に並べてあらびき黒こしょうを振り、170度に予熱したオーブンで20分焼く。

[材料（8～10個分）]

薄力粉	150g
バター（食塩不使用）	100g
砂糖	50g
塩	小さじ1/4
カルダモン（パウダー）	小さじ2
あらびき黒こしょう	適量

甘納豆のスパイスマフィン

[作り方]

1. 甘納豆とナッツはあらく刻む。バターと卵は室温にもどす。
2. ボウルにバターを入れて泡立て器でねるようにまぜ、クリーム状になったら砂糖を加えてよくすりまぜる。
3. 卵をときほぐし、2～3回に分けて加えてそのつどよくすりまぜ、なめらかになったらAを加えてゴムべらで粉っぽさがなくなるまでまぜる。甘納豆とナッツを加え、さっくりとまぜる。
4. マフィン型の八分目まで流し入れ、170度に予熱したオーブンで25分ほど焼く。

[材料（直径8cmのマフィン型3～4個分）]

A 薄力粉	70g
ベーキングパウダー	小さじ1
カルダモン（パウダー）	小さじ1
ナツメグ（パウダー）	小さじ1/2
バター（食塩不使用）	50g
砂糖	40g
卵	1個
甘納豆	70g
好みのナッツ（くるみ、アーモンドなど）	30g

&DRINK

練乳ラッシー

材料（1人分）

- プレーンヨーグルト …… 150g
- 練乳 …………………… 大さじ2
- カルダモン（パウダー）
   ………………………… 小さじ1/5
- 塩 …………………… ひとつまみ

作り方

ボウルにすべての材料と水100mlを入れ、よくまぜる。

マサラチャイ

材料（2杯分）

- 紅茶（茶葉）……………… 10g
- A
  - シナモン（5cm長さ）
     …………………………… 1本
  - クローブ ………………… 2本
  - しょうが
     ……… 薄切り2〜3枚（5g）
- 牛乳 …………………… 200ml
- 砂糖 ………… 大さじ1と1/5

作り方

1. 小鍋にAと水200mlを入れ、蓋をして弱火で5分煮る。
2. 茶葉を加えて2分煮たら牛乳を加え、煮立たせる。
3. 砂糖を加えてまぜ、茶こしでこす。

マサラティー

材料（2〜3杯分）

- 紅茶（茶葉）……………………………………… 2g
- シナモン（5cm長さ）…………………………… 1本
- クローブ ………………………………………… 1本

作り方

1. 小鍋に水400mlとシナモン、クローブを入れ、蓋をして火にかける。煮立ったら弱火にして3分煮出す。
2. 茶葉を加えて火を止め、蓋をして1分蒸らし、茶こしでこす。

一条もんこ

スパイス料理研究家。新潟県出身。年間のカレー実食数800食以上、オリジナルカレーレシピは1500品以上。スパイス料理とカレーの料理教室「Spice Life」を主宰。企業のレシピ監修、商品企画開発、講演会などを行う。ご当地カレーの開発による地域創生を手掛け、新潟カレー大使、よこすかカレー大使を務める。監修のレトルトカレー「あしたのカレー」ほか多数が全国発売中。メディア出演も多数。著書に『あなたの知らないレトルトカレーのアレンジレシピ』(扶桑社)、『おうちで楽しむ スパイス料理とカレー』(池田書店)。

X：@monko1215　Instagram：@monko1215　公式HP：『カレーの先生。』

STAFF
装丁・デザイン／別府 拓、奥平菜月 (Q.design)
撮影／鈴木正美
　　　重枝龍明(studio orange)
スタイリング／坂上嘉代
構成・文／浦上藍子
編集担当／渡辺あす香(主婦の友社)

協力／JA全農酪農部

一条もんこの　あしたも食べたいキーマカレー100

2025年4月30日　第1刷発行

著者　一条もんこ
発行者　大宮敏靖
発行所　株式会社主婦の友社
　　　〒141-0021　東京都品川区上大崎3-1-1
　　　目黒セントラルスクエア
　　　電話　03-5280-7537
　　　　　　(内容・不良品等のお問い合わせ)
　　　　　　049-259-1236（販売）
印刷所　大日本印刷株式会社

© Ichijo Monko 2025　Printed in Japan
ISBN978-4-07-461451-6

◎本のご注文は、お近くの書店または主婦の友社コールセンター（電話 0120-916-892）まで。
※お問い合わせ受付時間　月～金（祝日を除く）　10:00～16:00
◎個人のお客さまからのよくある質問のご案内
https://shufunotomo.co.jp/faq

®〈日本複製権センター委託出版物〉
本書を無断で複写複製（電子化を含む）することは、著作権法上の例外を除き、禁じられています。本書をコピーされる場合は、事前に公益社団法人日本複製権センター（JRRC）の許諾を受けてください。また本書を代行業者等の第三者に依頼してスキャンやデジタル化することは、たとえ個人や家庭内での利用であっても一切認められておりません。
JRRC〈https://jrrc.or.jp　eメール：jrrc_info@jrrc.or.jp　電話：03-6809-1281〉